JN059579

上巻

企業ミュージアムへようこそ

PR資産としての魅力と可能性

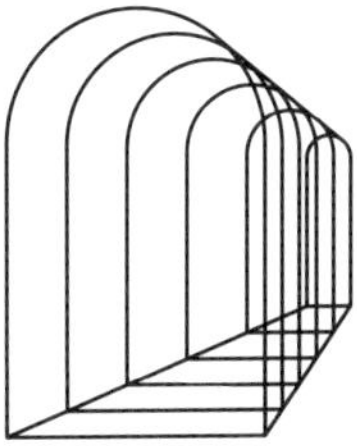

ようこそ

Welcome to
Corporate Museums.

電通PRコンサルティング

時事通信社

はじめに

　イングランドの湖水地方に鉛筆博物館というものがあります。文字通り、鉛筆だけをテーマにして、その歴史、製法、世界中の種々さまざまな鉛筆を展示した施設で、事前期待以上の興味関心を刺激する博物館です。また、ドイツのケルンにはチョコレート博物館というものがあります。こちらは、リンツ社が運営する施設で、飲み物として起源を持つチョコレートの歴史や、カカオ豆から製品に至る過程、実際の工場のライン等々、チョコレートに関するすべてが分かる充実の展示内容です。チョコレートの試作体験もでき、もちろん、出来たてのチョコレートを試食することも可能です。

　これらの博物館を訪れたのも、かれこれ20年ほど前になります。

　翻って、日本国内を見渡してみますと、自社の事業または属する産業をテーマとした博物館が数多く存在します。その数は、数え方にもよりますが、優に200を超えるといわれています。社内研修に目的を特化したような非公開の施設を加えれば、さらに数を重ねることになると思います（本書では、「企業ミュージアム」という呼び方をします）。

　本書で取り上げさせていただいた施設は、企業やその関連組織が運営主体となり、その企業活動を主たるテーマとして、社会への理解浸透を図ることを主目的としたものです。当然のことながら、いずれも個性豊かな内容にあふれるものですが、共通した要素も垣間見えてきます。

　まずは、人。一人の人間の情熱や使命感が初めにあり、その企業が興ってきたということ。次に、組織。仲間が集まってきて事業が発展していく過程。さらに、産業。企業の成長に伴い、その属する産業の拡大にも寄与していく様。そして最後に、社会。企業の存在感が増せば増すほど、社会への影響力もまた大きなものになっていくということ。

　これらのことが、企業ミュージアムの取材を通して、ひしひしと感じられてきました。一企業として営利を追求することの枠を超えて、社会全体への目線を持ち続ける。いずれの施設からも、そんな覚悟のようなものが伝わってきました。

　そして、それができるのも、一つひとつの企業が知恵の宝庫であり、それを惜しげもなく広く社会に還元していこうという器量の持ち主であるからだと、強く思います。

　取材に協力していただいた企業ミュージアム関係者の方々に、改めて、深い感謝と敬意を表しつつ、巻頭文を締めることといたします。

株式会社電通PRコンサルティング 代表取締役社長執行役員

牧口征弘

Contents

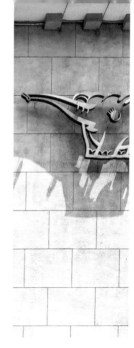

01 Prologue

コロナ禍で一層存在意義を高める 企業ミュージアム

　企業ミュージアムは、「ミュージアム」というアカデミックな領域と「企業」というビジネス領域の両方にまたがるバッファーゾーンにある。そして運営を担う企業の広報、ブランディング、宣伝、人事などと多様に連携する組織である。企業が手掛けるさまざまなミュージアムの役割や機能、可能性について、電通PRコンサルティング代表取締役社長執行役員の牧口征弘が大正大学の高柳 直弥氏にインタビューした。

（構成『ウェブ電通報』編集部）

企業ミュージアムが目指すものは、「採算性」ではない

牧口　企業ミュージアムという、高柳先生の研究テーマそのものが、とてもユニークだと思います。まずは、そうした研究に至ったきっかけを伺えますか?

高柳　大学在学中に、博物館学芸員の資格を取ろうと思ったことがきっかけです。企業ミュージアムというものは、それ単体で採算が取れるものではない、というのが当時の常識でした。でも、そこには訪れた人の心を揺さぶる、何かしらの価値がある。当時の経営学で、それを説明することはできませんでした。だからこそ、研究してみようと。誰も解明していないものを研究してみるのって、面白いじゃないですか?

「ガイド」の大切さ

高柳　企業ミュージアムの二大テーマは、その企業のルーツと、その企業が属する産業そのものの魅力を紹介することです。良くできた博物館には、とにかく隙がないんです。大人向け、子供向け、あら

高柳直弥
大正大学地域創生学部 准教授
2012年：大阪市立大学大学院経営学研究科
　　　　後期博士課程修了　博士 (経営学)
同年：Shih Chien University (Taiwan)
　　　College of Culture and Creativity,
　　　Assistant Professor
2015年：大阪市立大学商学部 特任講師
2016年：豊橋創造大学経営学部・大学院経
　　　　営情報学研究科 専任講師
2018年：大正大学地域創生学部 専任講師
2023年：大正大学地域創生学部 准教授 (現在
　　　　に至る)
主な研究業績として「インターナル・コミュニ
ケーションの道具としての企業博物館と企業の
アイデンティティ」「企業博物館における娯楽
とコーポレート・コミュニケーションの両立に関
する考察」(日本広報学会・共著) などの論文がある。

牧口征弘
電通PRコンサルティング代表取締役社長執行役員
1990年、東京大学法学部を卒業後、電通入社。
マーケティング局に配属され、その後IMCプ
ランニングセンター部長、1CRプランニング局
長、経営企画局専任局長、コーポレートコミュ
ニケーション局長、広報局長などを歴任。
2020年1月、電通PRコンサルティング常務執
行役員に就任。同年3月、電通PRコンサルティ
ング代表取締役社長執行役員に就任。21年、
PRovoke Media によりアジア太平洋地域のイ
ノベーター25に選出される。共著書・監修書に
「広告小学校〜CMづくりで、『伝える』を学ぼ
う。」(宣伝会議)「なぜ君たちは就活になるとみ
んな同じようなことばかりしゃべりだすのか。」
(宣伝会議)、共訳書に「アカウント・プランニング
が広告を変える」(ダイヤモンド社)「全員参加型の
オーナーシップ経営」(ダイヤモンド社) がある。

ゆる趣向が巡らされています。ガイドによるアテンドの仕組みにも圧
倒されます。

牧口　ルーツと産業、そして人、ですよね。

高柳　その企業が、何を大事にしているのか、ということが企業
ミュージアムには詰まっています。「稼ぎましょう」「もうけましょう」も、
もちろん企業としては大切なことですが、例えば魔法瓶の会社であれ
ば、温かいものは温かく、冷たいものは冷たく、という「お客さまのた
めに、熱を管理すること」への情熱がすさまじい。その情熱を、アテン
ドしてくださるガイドの方に説明してもらうだけで、胸にぐっとくるもの
があります。

外だけじゃない。内への発信も大事

高柳　ただ単に、その企業が生み出してきた商品を紹介することだ
けが、ミュージアムの価値ではありません。その商品や製品が世の
中に出たことで、社会がどう変わったのか、ということを実感しても
らえることが大事なんだと思います。

　それは、外向けということだけではなく、インターナルへ向けても同

写真提供：トヨタ産業技術記念館（左）／資生堂企業資料館（右）

様です。特に製造業の方々は、直接お客さまと接する機会が少ないですが、企業ミュージアムは、そんなお客さまと直接触れ合える場ですから。作り手の方のテンションは、もちろんアガります。コロナ禍でも閉館せずにミュージアムが続いているのは、そうした理由も大きいのでしょう。経営者と従業員の心をつなぐ。従業員同士の心をつなぐ。作り手の先にいるお客さまとの触れ合いを生む。そうしたコミュニケーションに、企業ミュージアムは貢献しているのではないでしょうか。

牧口　自分たちが勤める会社が、こんな思いで商品やサービスを社会に対して提供してきたんだ、ということを目に見える形で実感できる、共有できるということは、大切ですものね。

高柳　企業ミュージアムの中には創業の地で営業するものもあります。本社が東京にあっても、創業の地を大切にしたいという気持ちが表れているのだと思います。若者がいったん東京に出ても、比較的多くがUターンしてくる自治体には企業があり、若者が企業ミュージアムなどを通してその企業のことをよく知っていたということがあります。そういった意味でも企業ミュージアムは貢献していると思います。

博物館は、黒歴史もまた、 積極的に開示すべきである

高柳　企業にとっては、反省すべき歴史というものが、多かれ少なかれあると思うんです。大事故を起こしてしまった、とか。異物を混入させてしまった、とか。そうしたいわば「黒歴史」を、正々堂々と公開しているところも、企業ミュージアムの魅力の一つだと思うんです。

　例えば広告で、わざわざ自社の黒歴史を公開する企業はあまりあ

りません。でも、あのときこうしていたら、あのときなぜこれができなかったのだろう、という思いもまた、企業理念や企業活動の深いところに流れているものだと思います。広告というものが、〈広く、浅く〉というものだとすると、企業ミュージアムに代表されるPRは〈狭く、深く〉だと思うんです。ああ、このネジ一本に、このカップ一つに、そこまでの思いが込められていたんだ、ということを実感できたとき、真のファンが生まれます。

「エンタメ」とは、どういうことなのか

牧口　京都の太秦にある映画村なんかも、一種のミュージアムですよね？

高柳　おっしゃる通りだと思います。企業ミュージアムの定義はあいまいで、その数は人によってさまざまな数え方がされていますが、企業であるとか、業界そのものを、どれだけ学ぶことが楽しいもの、楽しみながら学べるもの、エンタメに昇華できるか、ということが博物館のキモの部分ではないか、と。そうした取り組みが、いつしか文化となっていく。

牧口　この先、こんな企業ミュージアムに出会ってみたい、というような願望はありますか？　あるいは、こんなミュージアムを造ってみたい、といったようなことは？

高柳　自身の人生の中での企業やその商品との思い出が記録されている、そんなミュージアムがあったらいいな、と思います。何十年か先にそのミュージアムに足を運んだら、確かに、昔、自身がその企業の商品を使っていた形跡やその企業のミュージアムを訪れた形跡が残っている、みたいな。

02 Shiseido Corporate Museum

経営資産「企業文化」を可視化する

資生堂企業資料館

所在地：静岡県掛川市　**運営**：株式会社資生堂　**オープン**：1992年

"より遠い過去を見ることができる人は
よりはるかな先を見ることができる"
—— ウィンストン・チャーチル

　「資生堂企業資料館」は1992（平成4）年
4月、創業120周年を記念して資生堂が静
岡県掛川市にオープンした企業ミュージア
ムである。資生堂の掛川工場とも隣接して
おり、同じ敷地内には近現代の優れた美
術品を収蔵・展示する資生堂アートハウス
がある。東海道新幹線の車窓からも見える
この資料館は、大都市から来るには少々
不便な場所に立地するが、コロナ禍前の
2019（令和元）年には開館日が週3日と限
定されていたにもかかわらず、年間約2万
人が訪れた。

　地上4階建てのこの資料館では、漢方
薬が主流の時代に資生堂が日本初の民間
洋風調剤薬局として創業した1872（明治5）
年から今日までの長い歴史の中で生み出
された商品や宣伝制作物をはじめとする
さまざまな資料を、一元的に収集・保存し、
収蔵品の一部を展示公開している。

　今回は、資生堂企業資料館館長の大木
敏行氏にご案内いただいた。1階と2階は
展示室となっている。1階では資生堂の創
業から現在までの歩みを紹介する常設展
示に加えて、創業から100年目までの商品

資生堂企業資料館（写真提供：資生堂企業資料館）

資生堂企業資料館館長 大木敏行氏

室温と湿度が管理されたバックヤード（写真提供：資生堂企業資料館）

を展示するとともに、明治時代の東京・銀座のジオラマや歴代コスチュームのコーナーも設けている。例えば資生堂初の化粧品「オイデルミン」の現物をはじめ、ロゴタイプや花椿マークの変遷なども見ることができる。2階では創業から現在までの広告やポスターに加えて、101年目以降の商品を展示している。

　3階から4階にかけては、室温と湿度が管理されたバックヤードが存在し、創業以来の商品、ブランド、機関誌、美容、財務・経営全般、宣伝制作物など各種資料が保存されている。一般には公開されていないが、今回は特別にそのバックヤードにも入れていただき、資生堂の過去の貴重な資料を見せていただいた。

なぜ東京ではなく静岡の掛川か

　資生堂の創業の地は銀座である。また現在本社機能があるのは東京・汐留である。その資生堂の企業資料館が静岡に建てられたのは、掛川工場のある敷地を大きく確保できたことに理由がある。150年の歴史の中で蓄積された資料は膨大で、増え続けていく資料の現物をそのまま保存していくには、都心ではスペース確保が困難である。集客だけを考えると、大都市に設立する方が効率は良いが、資生堂企業資

料館は一般には現在金曜日のみしか開館していない。日々発生する各種の社内資料を収集し、その保存や整理作業を行っていること、また、社内の求めに応じた資料の貸し出し作業や、即日の問い合わせ対応、国内外の社員、研究者、メディアの対応といった業務もあり、2020（令和2）年より一般公開は金曜日に限定されることとなった。ちなみにこの企業資料館には他の大手企業のミュージアム担当者も訪れる。主にアーカイビングについてヒアリングされることが多いという。

第4の経営資産「企業文化」

この企業資料館の創設は、1980年代から議論されてきた。100年史編纂のために集められた2万点以上の資料と、各部門が所有する歴史資料が散逸の危機にあり、貴重な歴史的活動の記録や資料の散逸を防止するとともに、社内の資料整備環境を整えるために資料館を本部とする資料収集、保管体制を確立するという基本計画が立てられた。この構想を具現化するために1990（平成2）年に企業文化部が設置された。

当時の社長であった創業家出身の福原義春氏は、著書「ぼくの複線人生」（岩波書店）の中でこの企業文化部について以下のように述べている。「これまでの常識として資本というものは、ヒト、モノ、カネの3要素と考えられてきたが、資生堂の歴史においては文化が資本の一つのように機能している。文化が経営に役立つとともに、経営が発展することによって新たな文化を蓄積する結果となっている。それならば、ヒトを管理する人事部があり、カネを管理する財務部があり、モノを扱う工場管理部門があるように、企業内部の文化の確認、活用、蓄積そして未来の文化発展の方向を管理するような部門があって然るべきではないかと考え、その部門を企業文化部と呼んで新設することとした」

新たに設置された企業文化部は、資生堂ギャラリーや資生堂アートハウスといった、すでに存在していた企業内文化施設の管理運営、企業文化誌「花椿」の発行などを担当することになった。そして1992年にオープンした資生堂企業資料館の運営も企業文化部の重要な事業となった。

社員のエンゲージメントを高める

社員が会社の歴史を知る上でも、資生堂企業資料館は重要な役割を果たしている。資生堂企業資料館は社員研修の場としても使われている。2022（令和4）年は資生堂創業150周年ということもあり、前年から企業資料館が中心となり社員向けの講演会を行ってきた。講演後の受講者アンケートでは、資生堂のヘリテージに対する理解度や気付きに関する回答はほぼ満点に近い結果が出ている。

一般社員だけではなく経営者の来館もある。2014（平成26）年4月に社長に就任した魚谷雅彦氏は直前に企業資料館を訪れ、「資生堂は革新の連続があって今日があるということが分かった」と述べている。

同館では、コロナ禍以前には資生堂の株主を招待する見学会も行っていた。参加

した株主からはアンケートで、「企業資料館を見学し、資生堂の歴史を知ることでさらに資生堂を応援したくなった」という声も寄せられている。

「ギャラリー」ではなく「ミュージアム」

資生堂企業資料館は英語名が Shiseido Corporate Museum となっており、"ミュージアム" なのである。一方、資生堂は、現存する日本最古の "ギャラリー" といわれる資生堂ギャラリーを銀座で運営している。多くの人が、ミュージアムとギャラリーの違いをあまり意識しないで使うことが多い。紛らわしいのは英国・ロンドンのナショ

ナルギャラリーや米国・ワシントンD.C. に
あるナショナルギャラリー・オブ・アート
などの存在である。これらギャラリーは
"ミュージアム"として紹介されることが多
いからである。
　資生堂では企業資料館を「企業博物
館」、アートハウスを「企業美術館」、また

資生堂ギャラリーを「画廊」と捉えている。
ただし、資生堂ギャラリーは商業画廊では
ない。設立当初から、新進作家に作品発
表の場を提供するなど、展覧会を自主企
画し「新しい美の発見と創造」に取り組む
活動を通して、資生堂の美意識を発信して
いる。

パリ装飾美術館で開催された「PARIS-TOKYO-PARIS
SHISEIDO 1897-1997 LA BEAUTE」（写真提供：資生堂企業資料館）

資生堂は資生堂企業資料館以外に、横浜にS/PARK Museumを2019年にオープンした。こちらは、美について外面・内面の両方からインタラクティブに体験できる体験型のミュージアムとなっている。

博物館法と地域貢献

日本にはそもそも「博物館法」という法律がある。1952（昭和27）年に施行されたこの法律では、「博物館」とは、「歴史、芸術、民俗、産業、自然科学等に関する資料を収集し、保管（育成を含む。以下同じ）し、展示して教育的配慮の下に一般公衆の利用に供し、その教養、調査研究、レクリエーション等に資するために必要な事業を行い、併せてこれらの資料に関する調査研究をすることを目的とする機関」とされている。

2022年2月、この「博物館法」の改正案が閣議決定され、博物館への登録要件が緩和されることとなった。一定の要件を満たした自治体や財団法人などの施設が対象となっている博物館登録制度に民間施設も追加されることとなった。対象を広げることで、文化施設の観光促進や地域貢献へとつなげたい考えだ。博物館の事業に「地域の多様な主体との連携・協力による文化観光その他の活動を図り地域の活力の向上に取り組むこと」が努力義務として追加された。資生堂は企業資料館を登録申請する予定はないとしているが、掛川という地方都市にあって、一企業とはいえ、時代を示す商品やポスターなどを無料で見られる場を提供することにより、す

でに地域貢献は行っている状況である。

海外での展示

　資生堂は、資料館ができる前から日本国外での資料展示も積極的に行ってきた。これまで、世界各国の展覧会に企業史資料を提供してきている。1986（昭和61）年にはフランス・パリ広告美術館で「資生堂の美と広告1872 - 1986」が開催された。また、同年、パリのポンピドゥーセンターで開催された日本の前衛芸術展で、戦前の資生堂のポスター、商品などが展示された。このフランスでの二つの展覧会は、資生堂というブランドが、文化によってフランスで市民権を得るのに一役買ったと、後に福原氏は著書で語っている（前掲書）。

　また、1997（平成9）年にパリ装飾美術館で開催した「PARIS-TOKYO-PARIS SHISEIDO 1897-1997 LA BEAUTE」では、商品、広告、パッケージの変遷など、およそ1世紀の軌跡が展示された。この展覧会のテーマは「美と知のミーム、資生堂」である。美はアート、知はサイエンス、ミームは企業遺伝子である。アートとサイエンスが資生堂の企業文化を構築してきたという軌跡を展示するものとなっている。期間中、約1カ月の来館者は約2万人で、好評のため、会期を4日間延長するほどであった。フランスのメディアでは、パリ装飾美術館で民間企業が文化展を実現させた意義が取り上げられ、これまで以上にフランスでの市民権を得ることができたのである。

マサチューセッツ工科大学の教材に採用

　さらに資生堂企業資料館に展示・保存されている化粧品の広告や店頭ツール、機関誌などのマーケティング資料は、米国・マサチューセッツ工科大学（MIT）の教材としても使われている。同大学が運営する講義情報公開サイト「オープンコースウエア（OCW）」で2009（平成21）年5月より、無償で一般公開されているのである。

　2022年4月22日付のMITの報道資料によると、2001（平成13）年の開始から今日までOCWは、これまで3億人以上のユニークユーザーがアクセスし、月間160万人がウェブサイトを閲覧し、500万回のビデオ視聴がある。MITが日本の歴史や文化を学ぶ教材として、日本企業1社のマーケティング史を深く掘り下げてウェブサイトで公開するのは初めてのことであった。このMITのウェブサイトのタイトルは「Visualizing Cultures」である。つまり、「文化を可視化する」である。

最後に

　アーカイビングはただ単に過去の知識を得るためのものではない。冒頭に引用したウィンストン・チャーチルの格言は、福原氏も講演で引用されているが、過去を知ることは未来のイノベーションを起こすことを示唆している。これは国家の話だけではなく、一企業でも同じであろう。資生堂企業資料館は、資生堂が過去に創造した企業文化をアーカイブし、可視化し、社内でのヘリテージ継承を通じてイノベーションの源泉として活用される場となっている。

貿易大国日本の「海運の歴史」を伝える

日本郵船歴史博物館

所在地：神奈川県横浜市　**運営**：日本郵船株式会社　**オープン**：2003年（2026年10月までリニューアルのため休館）

神奈川・横浜みなとみらい21地区、桜木町駅から弁天橋を渡って海岸通りを進み、山下公園通りを通り、山下ふ頭、元町、港の見える丘公園、山手西洋館を巡る散歩道は、横浜観光のモデルコースだ。シン

日本郵船歴史博物館は、横浜の景観を彩るルネサンス風コリント式列柱の建築物の中にある
（写真提供：日本郵船歴史博物館）

ボリックな三つの塔のうち、キング（神奈川県庁）、クイーン（横浜税関）が並ぶ海岸通りの一区画に泰然と立つのが、今回ご紹介する「日本郵船歴史博物館」だ。「海に囲まれ、資源に乏しい島国である日本は、食料、石油、ガス、鉄鉱石など暮らしや産業に欠かせない物資の大半を輸入に頼っています。これらの物資の9割以上は船舶によって運ばれています。『海運』は日本において欠かせない重要な役割を担っているのです」と広報の岩隈奈緒子氏。

　関東大震災後、1936（昭和11）年に、日本郵船横浜支店として建築された建物の1階に、日本郵船歴史博物館が設立されたのは2003（平成15）年6月。歴史的資料の散逸防止・保存、研究者への情報提供、海事思想（※）の普及、社員教育、地域社会への貢献を運営の目的にしている。前身の日本郵船歴史資料館は1993（平成5）年、近くの元倉庫だった場所にあったが、より多くの人に知ってもらえるようにと、目抜き通りにある横浜郵船ビル内に移転した。

※海事思想：海の利用、海上交通、海洋環境、海上安全など、海に関する知識全般

貴重な収蔵品、資料の数々が時代、テーマ別に9コーナーに整理されている（写真提供：日本郵船歴史博物館）

ミュージアムのターゲット、部署の連携について

ターゲットは、広く一般の方。学生の社会学習、グループ会社の新入社員研修にも活用されている。ファクトを通じて客観的に、日本の海運業が人々の生活にどのように関わってきたかを伝えたいとしている。横浜の中心地にあることから、国内・海外観光客や学生が多く訪れる。海事教育に注力して毎年必ず校外学習のコースに組み込んでいる県外の学校もあるという。商船・海洋系特定校や教員には無料枠も設けられている。

本店の広報グループは経営企画本部、「歴史博物館」と「氷川丸」の広報は総務本部で別部署だが、企画展やイベントなどのお知らせに関しては、本店の広報グループと連携して情報発信する。また、人事グループ、ESG経営グループとの協業も多い。

後世に伝えるべく、平和への願い

受付から入ると、まず目に飛び込んでくるのが、長崎の平和祈念像を手掛けた彫刻家・北村西望作の「殉職戦没社員冥福祈念像」だ。「太平洋戦争では5312人の社員が犠牲になっています。輸送船護衛の重要性の認識が当時の軍部には乏しかったのでしょうね」と館長代理の明野 進氏。戦時下では民間船は政府に徴用され、物資、兵員などを運んだが、敵の標的となり、多くの命が船と共に失われた。失われた人命は業界全体で約6万人、船員の実に2人に1人弱(43%)、海軍所属軍人戦没者の2.6倍の殉職率だという。

「米国の戦略は"商船を沈めること"。それによって島国日本を日干しにしようとしました」と明野氏。ここに日本郵船の沈められた185隻の船の写真が飾られている。生き延びることができた大型船は、戦時中、海軍特設病院船であり、戦後に引退して、山下公園に係留された氷川丸ただ一隻だ。

殉職戦没社員冥福祈念像(写真提供:日本郵船歴史博物館)

文明開化と海運の幕開け

日本郵船の歴史は、開港、日本近代化、戦争の歴史と重なる。三菱グループ創業者の岩崎彌太郎が、土佐藩士が設立した船会社、九十九商会の経営を引き受けたのは、1871(明治4)年。翌年、社名を三川商会に変更した。三菱グループのシンボルマーク"スリーダイヤ"と九十九商社(九十九商会)の文字が刻まれた「天水桶」が"1.日本をひらく"コーナーの目玉だ。防火

天水桶（写真提供：日本郵船歴史博物館）

用水桶である天水桶は、江戸深川の釜六（釜屋六右衛門）製。今よりも若干線の細い三菱だが、このマークは、土佐藩主山内家の家紋「三つ柏」と岩崎家の家紋「三階菱」を掛け合わせて作られたものだ。

　館内には、映像資料が多数あることも特徴の一つとなっている。床上の羅針盤を模したスイッチを踏むと彌太郎や彌太郎の後を継いだ弟・彌之助、その後の三菱グループ幹部の記念写真と共に、貴重な映像資料による説明が始まる。

　開港当時、日本の船といえば、江戸時代の帆掛け船であった。開港によって米国の3000トンクラスの蒸気船など欧米の船が日本沿岸輸送を席巻した。明治政府は自国海運の近代化が急務であると思っていたが、特に1874（明治7）年の台湾出兵の際に痛感する。この海外出兵で岩崎彌太郎は兵隊の送迎を任され政府から信頼を得た。特に、大蔵卿の大隈重信と内務卿の大久保利通らから評価され、どんどん会社を大きくしていく。三菱商会（三川商会から

改称）は、1875（明治8）年にわが国初の定期航路便として上海航路を開設。横浜、兵庫・神戸、山口・下関、長崎、中国・上海を結ぶ航路を週1回運航していた。

　同年、政府からの命令により、日本人幹部船員養成を目的とした三菱商船学校が設立された。英国風に倣い、隅田川に係留された船を校舎として、学生たちは船室に寄宿しながら学んだことが写真資料で分かる。三菱商船学校は戦後、東京商船大学へ、また現在は、東京水産大学と合併し、東京海洋大学として知られる。

日本郵船誕生秘話

　順風満帆とばかりにいかないのは世の常だが、郵便汽船三菱会社（三菱商会から改称）は、政府内での後ろ盾であった大久保の暗殺、大隈の失脚、その後のアンチ三菱派の台頭によって試練に立たされた。政府は半官半民の共同運輸会社設立を支援したので郵便汽船三菱会社との間で運賃値下げ競争が始まり、このままでは双方共倒れになりそうな状況に追い込まれていく。その間に彌太郎は死去。弟の彌之助が事業を引き継ぐ。

　3年にわたる競争の末、政府の仲介で、両社が合併して誕生したのが、日本郵船会社だ。新会社設立とともに彌之助は海運事業を手放したが、その後、今の三菱グループの中核を成す事業会社を次から次へと創業していく。"2. 日本郵船誕生秘話"のコーナーでは、日本近代化の歴史に欠かせない登場人物が紹介されたパネルや資料が展示されている。

世界にひらく

こうして日本郵船は、1885（明治18）年に誕生、翌年、長崎〜中国・天津航路、1893（明治26）年に日本初の遠洋定期航路としてインド・ボンベイ（現在のムンバイ）航路を開設し、綿花の輸入に携わり、その後も活発な航路開拓と事業拡大を行う。

ボンベイ航路開設の1年後に、日清戦争が始まり、他の海運会社と同様、日本郵船の所有船も政府に徴用されることになる。この時は幸いにして大きな被害はなかったというが、その10年後の日露戦争では船も人も失う惨事に見舞われる。当時の風俗や船内の様子を記した貴重な雑誌、1901（明治34）年の「郵船図絵」が展示されている。東陽堂「風俗画報」の記者が、日本郵船の貨客船「春日丸」に乗船した時の記事が、イラストで紹介されている。

豪華客船時代の到来

展示物の中でも人気が高いのが、豪華客船のモデルシップだ。第一次世界大戦終結とともに大不況を迎え、苦労の多かった時代を乗り越えて、昭和初期に注目された豪華客船。ビルダーズモデルといわれ、造船会社からオーナーにプレゼントされる

艤装品、救命ボートから滑車、ハンドレールに至るまで金具一つひとつが手作りで再現された精巧なモデルシップの展示（写真提供：日本郵船歴史博物館）

常設展示室に並ぶ3隻のモデルシップ（写真提供：日本郵船歴史博物館）

48分の1スケールのモデルが並ぶ。サンフランシスコ航路を往来した1万7000トンの浅間丸は三菱造船株式会社長崎造船所で造られた。

この頃になると、国内造船が、世界レベルに。戦前に建造され現存するただ一隻の貨客船・氷川丸のモデルシップもある。秩父宮ご夫妻やチャップリンなど有名人を多く乗せたこの船は、1930（昭和5）年に、横浜船渠という今の横浜みなとみらい21地区にあった造船所で建造された。

「当時の宣伝ツールに使われていたパンフレットの印刷のクオリティ、紙質などを見ると、日本郵船がいかに広告に力を入れていたか、というのがうかがえます」と学芸員の遠藤あかね氏。「新田丸」「八幡丸」「春日丸」など頭文字が日本郵船の英字社名NYKを表すことで「NYK三姉妹」といわれる豪華客船を擬人化した女性3人のポスターは、画家・小磯良平氏によるもの。また当時では珍しい、海外に発注した船型パンフレット、扇型パンフレットなどを見ることができる。

日本郵船の船といえば頭に浮かぶ黒地の煙突に二引の赤いラインのファンネル（煙突）マーク。日本郵船の特徴的なファンネルマークはこの頃、1929（昭和4）年に登場した。

復興、総合海運会社への変革

敗戦国となった日本。日本郵船は多くの社員とほとんどの船を失い、政府徴用で失った船の戦時補償は打ち切られた。本店ビルや日本郵船歴史博物館が入る横浜郵船ビルはGHQ（連合国軍総司令部）に接収され、戦後復興はゼロからのスタートとなった。当初、GHQの方針は、日本を再軍備させないために海運業に対しても厳しい姿勢であった。ところがソ連との冷戦が始まり、方針が大きく変わる。

こうして日本の高度経済成長期を支える重厚長大産業の流れとともに、海運業は飛躍的に発展。定期航路の貨物船はコンテナごと貨物を積み降ろすコンテナ船となり、また、不定期船は自動車を運ぶ自動車専用船、液化天然ガスを運ぶLNG船など、専用船へと変わっていった。

日本郵船も定期船主体の海運会社から、総合海運会社へと事業を拡大させた。創業当時、船の運航は外国人から学んでいたが、その後、日本人乗組員だけで運航できるようになり、今はまた、多くの外国人に船の運航を任せている。日本人乗組員は、彼らに技術を教える立場に変わった。

環境と海運業

これからの課題は、いかに環境に優しい船を運航するかということ。日本郵船歴史博物館では、常設展のほか、歴史、アート、企業紹介という主に三つのテーマで企画展を開催している。船舶運航に関わる技術開発をテーマにした企画展ではグループ会社の新しい省エネ技術などを紹介した。時代に翻弄されながらも、必死でそれに適応し、海運業を通じて日本経済を支えてきた日本郵船。今もまた時代から大きな課題を与えられ、挑戦し続けている。

強運の船、氷川丸

日本郵船歴史博物館をのぞいた後は、少し足を延ばして日本郵船氷川丸に行きたくなる。太平洋戦争で、大型貨客船の中でただ一隻残った氷川丸は、1961 (昭和36) 年から横浜の山下公園に係留され、2016 (平成28) 年に国の重要文化財に指定された。横浜市の子供たちは、遠足や校外学習で一度は訪れる場所だ。

一等客室、食堂、社交室などは、今でも訪れる人に、海のロマンと昔の船旅気分を感じさせてくれる。氷川丸は船名を大宮氷川神社に頂き、貨客船として、戦時中は病院船として、戦後5年間は引き揚げ者の輸送などに利用され、その後再び1960 (昭和35) 年まで貨客船として活躍し、総勢約9万人を運んだ。「お客さまをはじめとした皆さんと氷川丸の安全、加えて日本郵船株式会社の社運隆昌を祈念し、欠かさず氷川神社にお参りします」と船長の大内孝利氏。

おおうちたかとし

洋上の氷川丸 (写真提供：日本郵船歴史博物館)

026

アールデコ調の一等社交室の内装 (写真左) はフランス人工芸家マルク・シモン、一等特別室の内装 (同右) は初代・川島
甚兵衛が創業した川島織物所など、国内外の一流デザイナーが携わった (写真提供：日本郵船歴史博物館)

地域コミュニティーの一員として活動

　コロナ禍前までは、毎年「海の日」に氷川丸の見学会を開催するなど地域コミュニティーの一員としての役割も担っていた。「歴史博物館ではブロックを使って船を作るというワークショップがあるのですが、そちらは人事グループの海上人事チームを通じて、若手の海上職の社員に講師をお願いしています」と遠藤氏。制服でビシッと決めた船員さんたちが、船での仕事などを紹介してくれるので、子供たちは、目を輝かせながら熱心に質問をしてくるのだという。

　現在はコロナ禍で実施していないが、以前は日本郵船歴史博物館でコンサートや、海図の作図教室、ペーパークラフト教室などのイベントを開催。市内の子供たちの校外学習に広く活用されている日本郵船氷川丸は、横浜少年少女合唱団に練習場を提供、イベント時にはミニコンサートを実施。また歴史博物館と氷川丸で小学生絵画コンクールを実施するなど地域に貢献している。

取材を終えて

　海運に従事する人、船旅を経験する人は、それほど大人数はいないと思われるが、生活のすべてに"海運"が関係していることを意識してもらう、知ってもらうという広報的な大きな役割を、日本郵船歴史博物館・日本郵船氷川丸は担っている。ぜひ多くの人に足を運んでもらい、同社や海運業の功績について知ってもらいたいと思う。

04

The Ad
Museum
Tokyo

PRプロフェッショナルが見て感じた魅力

アドミュージアム東京

所在地：東京都港区　　**運営**：公益財団法人吉田秀雄記念事業財団　　**オープン**：2002年

東京・汐留にある電通本社から歩いてすぐの複合商業施設、カレッタ汐留の地下2階に、「アドミュージアム東京」はある。その名の通り、広告を専門に扱った日本唯一のミュージアムだ。運営は広告業界の発展に尽力した電通の第4代社長の吉田

江戸時代の展示コーナー（写真提供：アドミュージアム東京）

秀雄の遺志を受け継ぎ設立された（公財）吉田秀雄記念事業財団が行っている。広く一般の方に広告の資料を公開し、広告コミュニケーションの社会的・文化的価値への理解を深めてもらうことを目的に、彼の生誕100年を記念して2002（平成14）年に開館し、15周年の2017（平成29）年にリニューアルした。

　年間8万人だった来館者は、リニューアル後に10万人になり、今では広告に携わる関係者より、学生を含む一般の方が来館者の6〜7割を占めるという。特に広告やマーケティングを専攻する大学のゼミ単位での見学も多くあるようだ。また、昨今ではおしゃれスポットやおすすめのデートスポットとして紹介する記事も増え、若いカップルがよく訪れているとのこと。ショッピングモールという立地、そしてリニューアル後のガラス張りの明るくオープンな造りが、買い物帰りでも気軽に立ち寄りやすい雰囲気なのだ。現在はすでに累計200万人を超える来館者となっている。

マーケティングの始まりは江戸時代？商売のイノベーションを知らしめたチラシのチカラ

　収蔵資料は江戸時代から現代まで33万点以上あるというが、特筆すべきは江戸の広告展示だ。「マーケティングの原点は日本の江戸にあり」とオーストリアの経営学者のピーター・ドラッカーに言わしめたほど、非常に興味深い内容になっている。ドラッカーの著書「マネジメント」では「マーケティングは越後屋の創業者の三井高利

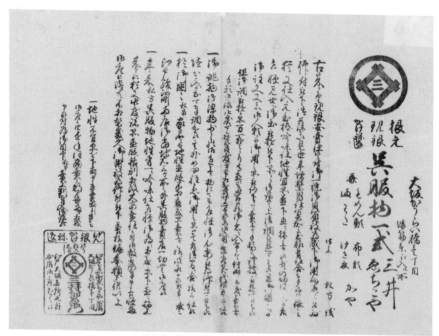

引札「三井越後屋大坂高麗橋店（1691〈元禄4〉年開店）」（写真提供：アドミュージアム東京）

によって始まる」と記されており、少しだけ内容に触れておきたい。

当時の呉服店は武家屋敷や裕福な町人宅に訪問して注文を取り、客は盆暮れに支払っていた。三井は代金を回収する手間や人手もかかるこの方法を廃止し、「現銀掛け値なし」という、店頭での現金取引を行うことで価格を下げ、新商法を編み出した。さらに呉服は反物単位で販売するという当時の常識を覆し、必要な分だけ切り売りも可能とし、庶民の人気を集めたという。

まさに商売のイノベーションである。越後屋はこの新たな販売方法の周知のために「引札」（現代でいうチラシ）を作成、庶民へ配布。おそらくチラシの内容は人から人へ口コミでも広がり、広告とオーガニックなPRの相乗効果で、見事に販売促進につなげたのだ。越後屋に客が集中するため、他店もこの新商法に追随せざるを得なかったのである。またこの流れは人々の意識も変えたはずだ。代金さえ払えば、武士も町人も関係なく、誰でも対等に扱われる。イノベーションを起こした新商法のアイデア自体も素晴らしいが、それを世に知らしめたチラシのチカラは絶大だった。1枚のチラシが広告文化の発展だけではなく、人々の生活、社会の変化にもつながっている。

江戸の広告クリエーター（筆者撮影）

ターたちが、現代風なインタビュー形式の
アニメーションで紹介されている。平賀源
内は日本で最初のコピーライター、蔦屋
重三郎は東洲斎写楽や喜多川歌麿など
数多くの才能を見いだした敏腕プロデュー
サーなど、それぞれの実績紹介だけではな
く、ヒットした商品の理由や才能を見抜くコ
ツなどまで語られていて、思わず最後まで
聞き入ってしまう。

今だからこそ見たい戦時下の広告
～広告史から学ぶべきもの

　興味深いのは江戸の広告ばかりではな
い。アドミュージアム東京にはほかにもそ
の時代を読み解くテーマと共に日本の広告
史が網羅されているが、今だからこそ、世
の中の人々にぜひ見てもらいたい広告が
ある。冬の時代と呼ばれた戦時下での広
告だ。それまでの華やかな商品広告から国
威発揚へと広告の役割を大きく変えた時代
である。「欲しがりません　勝つまでは」「進
め一億火の玉だ」など、戦意高揚のスロー
ガンを打ち出した広告が展示されている。

　昨今、ウクライナの戦禍をニュースで見
ない日はないが、この平和な日本にいる
と、どこか遠い国で起こっている出来事と
考えてしまいがちだ。だが、これらを見ると
ほんの2世代前の日本でも、実際に本当に
戦争が起こっていたのだと改めて考えさせ
られる。

　また広告だけではなく、PRもプロパガ
ンダ的な側面をさらに加速させていたに
違いない。権力者たちの都合のよい情報
だけしか話題にしないよう、日本でも厳し

歌舞伎役者は
江戸時代のインフルエンサー

　ほかにも江戸時代には今日につながっ
ている広告のルーツが多くある。人が集ま
る吉原の花見イベントは格好の広告の場
だった。庶民に親しまれた「絵双六」は遊
びの中でお店や商品を上手に宣伝した現
代のゲームアプリ。歌舞伎の演目の中にも
随所に広告が登場し、まるで企業タイアッ
プである。また歌舞伎役者はインフルエン
サーであり、彼らによる口コミはソーシャ
ルメディアのごとく拡散。人気タレントの
影響力は今も昔も同じなのだ。

　また、それらを仕掛ける江戸のクリエー

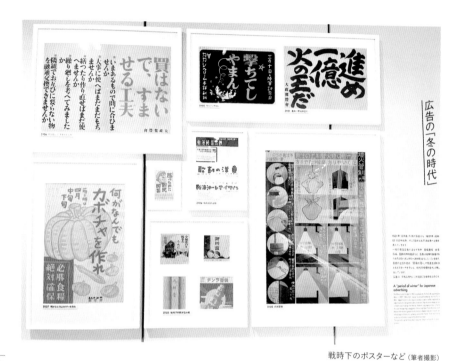

戦時下のポスターなど（筆者撮影）

く情報をコントロールしていた時代が確かにあったのだ。「広告は社会と人間を映す鏡」といわれるように、広告表現の変化は時代の移り変わりを象徴している。今日においても、われわれがそこから学ぶべきものはまだまだ多く残されている。

魅せる見せ方の追求

そして、各時代の興味深いコンテンツをさらに引き立てているのが「魅せる見せ方」だ。どれほど価値がある貴重な資料でもそれをただ展示しているだけでは伝わらない。PR視点で言えば、ファクトである情報をありがちなパネル展示でただ伝え

るのではなく、その背景・思いや感情が伝わるように魅せる、そしてそれを分かりやすく伝えることが重要なのだ。

施設としての規模は決して大きくはないが、展示コーナーには深掘りできるスイッチボタンがあり、それを押すと平面的な展示からいきなり音と映像が飛び出す。先に挙げた歴史上の人物、平賀らの自己紹介シーンがそれである。その時代を生きた人が目の前に現れたような仕掛けは、見る人の想像力をさらにかき立てるだろう。

広告を手掛けるプロが作り手なのだから当然といえば当然だが、見る人を一瞬で引きつける展示タイトルがすべてを語っ

ている。例えば「世界初!? の天才マーケ
ター」は先に紹介した商売のイノベーショ
ンを起こした越後屋・三井を指す。解説文
もすべて200字以内に抑えられ、見る人を
飽きさせない。ほかにもモニターに流れて
くるサムネイルの中から、気になったもの
を自由にタッチして閲覧できるデジタル仕
様の展示があり、1950年代から現在まで
のテレビCM、ポスターなどが好きなだけ
閲覧できる。筆者は懐かしさのあまり、館
内滞在時間のほとんどをここで費やしてし
まった（笑）。

　デジタル展示で目が疲れたら、隣接さ
れているアナログ展示へ。有名なCMの
当時の絵コンテなどは、おそらくここでし
か見ることができないだろう。今はすべて
がデジタルで処理されるのだろうが、紙と
ペンで描かれた絵コンテは作り手の思い
が伝わる最強コンテンツだ。余白に走り書
きで書かれたメモが興味深い。

　また、アドミュージアム東京には時代ご
との常設展示だけではなく、英国・ロン
ドン、フランス・カンヌ、米国・ニューヨー
クなど世界を代表するクリエーティブ・ア
ワードから最新のデザインや広告を紹介
する企画展なども毎年行われている。筆
者が訪れた際にはちょうどカンヌライオン
ズ2020/21の企画展が開催されていて、
作品の解説も丁寧に記されており、来館
者による人気投票も行われていた。

　そのほか、プロのスキルが学べる広告作
りのワークショップや、人を貸し出す図書館
「ヒューマンライブラリー」と題し、LGBTQ
など社会の中で偏見を受けやすい人々が
「本」になり、一般「読者」との対話をす
るユニークなイベントなども開催。コロナ
禍の感染状況が落ち着けばまた再開する

CM絵コンテ（筆者撮影）

ようだ。

広告の歴史や資料を収蔵するだけではなく、さまざまな活動を通じて、人との関わり、未来につながるような取り組みなど、これまでの概念で語られてきたような企業ミュージアムとは一線を画しているとも言えよう。

ブランド・ステートメントと共に

アドミュージアム東京にはブランド・ステートメントがある。「いつも、あなたに、新しい発見を。」から続く、そのメッセージには、人々の心を引きつけるものは時代を超えても変わらない広告の普遍性と、一方でこれまでのたくさんの広告から、まだまだ新しい気付きや発見があり、広告ってやっぱり面白い、というしっかりとした思いが語られている。その思い、姿勢は館内の至るところに感じられた。

広告のルーツとなった江戸時代を起点に、新聞・雑誌が誕生した明治時代からデジタルを駆使する現代まで、その変遷の一つひとつを深く知れば知るほどそこに新しい発見があり、時代と広告、人と広告の関わりの歴史から学ぶべき点は多い。

今後についてアドミュージアム東京の敦賀タッカー氏にお話を伺った。「メディアと広告の歴史を網羅的に扱っているミュージアムは世界的にも例がないといわれています。『錦絵』一つとっても、特に海外ではアートとしての価値が高いですが、ここでは『錦絵』を当時の世相を反映するメディアとしてクローズアップしています。こういった見方があることももっと広く伝え

たい、世界に誇れるユニークなミュージアムを目指していきたいと思います。そのためにはやはりリアルに見て感じていただきたいので、東京だけではなく、国内外問わず、どこかにアドミュージアム○○ができればと……。まずは巡回展からぜひ実現していきたいですね」

なるほど、アドミュージアム大阪、アドミュージアムニューヨーク……構想は尽きない。昨今では、場所に関係なくバーチャルで展開しているミュージアムも増えてきているが、本書のプロローグでお話を伺った大正大学の高柳氏の「リアルな『場』で

あるということが、企業博物館の魅力だと思います」という言葉を思い起こした。それは、「誰と行くのか?」ということにもつながってくる。恋人と行くのか、友達なのか、親子なのか。そこで盛り上がれば、何時間でも過ごしていられる。バーチャルでは得られない体験だ。

最後に

筆者は2021 (令和3) 年に創立60周年を迎えたPR会社の社員だが、本ミュージアムのブランド・ステートメントに記されている「笑いや涙、驚きや共感。心を惹きつけるものは、時代をこえて、根っこの部分でつながっている」のはPRも同じだ。江戸時代にそれまでの商売の常識を覆したイノベーションは人々の生活をより良くするため。あの手この手の手法もPRそのものであり、江戸のマーケティングはPRと重なって見えた。1カ所でいい。アドミュージアム東京の隣にいつの日かPRミュージアムをぜひ創設したいものである。そもそも、米国で生まれたPRにいち早く目を付け、それを日本に"ビジネス"として導入した人こそ、第4代社長の吉田であったことも書き留めておきたい。

当時の流行を反映しファッション誌の役割も果たした錦絵「駿河町越後屋 店頭美人図」歌川国貞・画
(写真提供:アドミュージアム東京)

05 Printing Museum, Tokyo

印刷産業のコアコンピタンスを伝える

印刷博物館

所在地：東京都文京区　　**運営**：凸版印刷株式会社　　**オープン**：2000年

036

印刷とは何か──
印刷文化学としての印刷

　印刷と聞いて、何を思い浮かべるだろうか。多くの人は、PCで作成したドキュメントをプリンターで紙へ出力すること、などが浮かんだのではないだろうか。それは

間違っていないが、印刷を手段として捉えた一つの例にすぎず、印刷が持っている意義や役割は想像以上に広くて深い。それは、印刷文化学として人類の歴史や進歩と共に知ることができる。印刷文化学について体感できる場所が、凸版印刷が運営する「印刷博物館」である。ここを訪れることで、「印刷とは何か?」という問いへの回答が変わることになるだろう。

文化財の収蔵・保全、
そして歴史の探究を担う印刷博物館

　「印刷博物館」は、凸版印刷の100周年事業の一環として2000 (平成12) 年に東京都文京区・トッパン小石川本社ビルに設立された。所蔵資料は7万点を超え、印刷文化に関連する資料の収蔵や保全、そして印刷と社会との関わりについて歴史を振り返り、探究している。総床面積は4149平方メートルで、展示室のほかライブラリー、ミュージアムショップ、印刷工房が併設されている。入場料は一般400円、学生200円、高校生100円、中学生以下および70歳以上は無料だ。学芸員は現在8人在籍しており、来館者数は1日平均100人程度、開館後20年の来館者数は延べ約64万人となっている (2020〈令和2〉年時点)。

　2001 (平成13) 年には皇后陛下 (現上皇后陛下) がノルウェー国王妃と共に訪れている。また、2002 (平成14) 年には日本展示学会賞作品賞を受賞し、2012 (平成24) 年には朝日新聞のbeランキング「大人が楽しめる企業博物館」で1位にランクインするなど、ミュージアムとしての重要性や魅力

印刷博物館エントランス (画像提供:印刷博物館)

が評価されている。20周年となる2020年には展示内容のリニューアルを行い、テーマ展示から時代順の展示へと変更することで、印刷文化について歴史の流れと共に理解しやすくなっている。

人類の進歩を支えた印刷

印刷博物館に入ると、常設展の前にプロローグとして人類のビジュアルコミュニケーションの変遷が展示されている。約2万年前の洞窟壁画はコミュニケーションの原点と言える。壁画から象形文字、そして文字が生まれ、写本から印刷、そしてデジタルへとコミュニケーション技術が進化していく。

ちなみに、印刷博物館のロゴは「見る」の意を持つ古代中国の表意文字。印刷とは「見る」行為を伴うもの、すなわちビジュアルコミュニケーションの一部であるとこ

印刷博物館のロゴ（画像提供：印刷博物館）

ミュージアムのプロローグの様子（写真提供：印刷博物館）

ろからこの文字が採用された。

人類のビジュアルコミュニケーションの変遷は、以下のプロローグから始まる。常設展は三つのゾーンから成り、「印刷の日本史」「印刷の世界史」「印刷×技術」というテーマで構成されている。

世界最古の現存印刷物「百万塔陀羅尼」

一つ目のゾーン「印刷の日本史」では、印刷の始まりとして奈良時代までさかのぼる。印刷された年代が明確なもので世界最古の現存する印刷物とされている「百万塔陀羅尼」が展示されており、764（天平宝字8）〜770（神護景雲4）年に称徳天皇の発願によって印刷されたものである。

天皇によって始められた印刷は、当初寺院を中心に行われていたが、近世にかけて武士や一般庶民へと担い手が広がり、印刷地も上方から地方へ、内容も宗教や思想書から読み物など多岐にわたるようになった。そして近代以降は政治や経済、社会において欠かせないものとなり、消費社会を支える役割を拡大しながら現在に至る。日本の印刷の歴史が長いこと、そし

百万塔陀羅尼（写真提供：印刷博物館）

て文化や社会に対する影響の大きさを理解することができる。

ルネサンス三大発明の一つ 「活版印刷術」

　二つ目のゾーン「印刷の世界史」では、世界の印刷の歴史と共に、宗教改革、フランス革命、産業革命、世界大戦など、世界史上の転換点において、印刷がどのような影響を与えたかを知ることができる。ここで欠かせないのが、15世紀にドイツで西洋式活版印刷を発明したグーテンベルクだ。

　中世欧州では、書籍は写本 (本を書き写す方法) によって増やしていたため数が少なく、非常に貴重で高価なものであった。もっと速くたくさん作る方法がないかと考えたグーテンベルクが、文字が1字1字ばらばらになった金属の活字を使うことを考え、活版印刷機を発明した。グーテンベルクが発明した活版印刷術は、羅針盤・火薬と並んでルネサンスの三大発明の一つとされている。印刷本として歴史的価値が高いグーテンベルクの『42行聖書』(原葉)も実物が展示されている。

　活版印刷術は瞬く間に広がり、これま

グーテンベルク『42行聖書』(原葉)(写真提供：印刷博物館)

印刷工房（写真提供：印刷博物館）

でと比較にならない数の書物を生み出し、コミュニケーションの在り方そのものを変えた。情報伝達可能な範囲が爆発的に広がったのだ。そこから、科学や研究の促進やニュースメディアによる政治や社会的な情報伝達、商業利用や戦争でのプロパガンダなどさまざまな領域で大きな影響を与えていく。世界で見ても、印刷技術の発明は人類を飛躍的に進歩させたことが分かる。

印刷技術は常に進化し続け、デジタルへ

　三つ目のゾーン「印刷×技術」では、視点を変えて技術の側面にフォーカスしている。日本史、世界史において印刷が大きく影響を与えたことがここまでのゾーンで分かるが、それを実現した印刷の技術革新について触れることができる。印刷方法として凸版、凹版、平版、孔版の四つの版式や、印刷機の種類、色の再現、そしてデジタル印刷などを紹介している。

「印刷の日本史」の中でも紹介されているが、印刷の技術は、偽造を防ぐ紙幣の印刷でも使われ、セキュリティー技術によって資本主義を支えてもいたのだ。ちなみに1900（明治33）年ごろ、エルヘート凸版法という当時最先端の印刷技術を用いてスタートアップとして誕生したのが、印刷博物館を運営する現在の凸版印刷だ。

三つのゾーンから成る常設展の先には、「印刷工房」がある。ここでは、印刷機の展示や書体の紹介に加えて、活版印刷を実際に体験することができる。

企業ミュージアムとしての意義

企業ミュージアムという視点では、どのような意義や役割があるのだろうか。印刷博物館の学芸員で凸版印刷の社員でもある式洋子氏に話を伺った。「印刷博物館は凸版印刷という企業を直接宣伝するような展示はなく、印刷産業全体を古今東西の歴史と共に紹介しています。産業のリーディングカンパニーとして、100周年事業を契機に印刷という産業がこれまでの歴史の中で担ってきた役割や貢献を伝えるという意義の下、印刷博物館が設立されました」

日本には産業としての印刷全体を伝えるような印刷博物館がなかったので、CSR活動として設立に至ったとのこと。「実は印刷に関連する博物館は世界各国で存在していて、例えばドイツにあるグーテンベルク博物館は、ユネスコ無形文化遺産への登録も目指しています。2018（平成30）年には国際印刷博物館連合（IAPM:International Association of Printing Museums）という国際コンソーシアムも立ち上がりました。世界各国の印刷博物館が加盟するこのコンソーシアムは、印刷博物館も設立メンバーとなっており、グローバルレベルで情報コミュニケーションにおける印刷産業の意義発信についてディスカッションをしています」

海外では行政が運営する印刷博物館が多い中、企業が運営していることはメリットも多いという。「例えば論文を発表したり、独立した博物館として情報発信をしたりしても、興味を持った人からしか見てもらえず、届く人が限定されてしまうかもしれません。一方で、企業が関わり、企業側が興味の入り口となったりきっかけとなったりすることで、より多くの人と接点をつくりやすいと思っています。また、経済面や環境面でも企業が運営している点は博物館として恵まれていると感じます」

逆に、印刷博物館は企業にとってどのようなメリットがあるのだろうか。「印刷博物館は、いろいろな方に来ていただけています。大学や専門学校の教授が学生を連れてきて見学をしたり、ほかの印刷会社や出版社などの関連業界の方、デザイン関連の学生、文化に興味関心のある一般の方など幅広いです。ほかにも得意先の方を招待したり、凸版印刷はじめ関連業界の新入社員の研修に活用されたりしています。教育という意味では、近隣の小学校と連携して地域貢献をしたり、大学への出前授業なども行ったりもしています。凸版印刷は事業分野の広さからステークホルダーも幅広いので、いろいろな方に印刷に興味を持ってもらえることは良いことだと思っています」

『日本印刷文化史』（写真提供：印刷博物館）

印刷博物館は、館内での展示だけではなく、国内外の美術館、博物館などに展示品を貸し出し、展示協力をすることもある。また、東京大学、女子美術大学短期大学部など、教育機関の要請を受け、調査研究にも協力するほか、『日本印刷文化史』などの出版を通し、印刷文化学の構築を目指している。

歴史が示す印刷産業のコアコンピタンス

式氏へのインタビューからも、印刷博物館はあくまで企業の宣伝ではなく印刷産業全体の役割を伝えることを大事にしていることが分かる。一方的に言いたいことを宣伝するために言うのではなく、公益性や社会的意義として伝えるのは、相手と良好な関係を構築するPR（パブリックリレーションズ）的なアプローチである。印刷博物館が企業ミュージアムとしてどのように企業へ

作用しているかについて、産業理解の中身からも考えてみたい。

印刷博物館を運営する凸版印刷に注目をすると、ICタグや半導体、ディスプレー、建装材、コンテンツやマーケティング、DXなど、事業領域が多岐にわたり、印刷という言葉で連想できる範囲を超えていると感じるだろう。しかし、印刷博物館が伝える印刷産業の役割を理解することで、それらが印刷という技術の延長線上にあるものだと分かる。印刷博物館のプロローグや常設展の歴史をたどると、印刷は人類の進歩や発展を支えた情報コミュニケーションであり、印刷技術の進化はそれを実現したイノベーションであることが分かる。

印刷産業が担っていた「コミュニケーション」はいつの時代も普遍であり、その手段である「技術」はこれまでも常に進化してきた。コミュニケーションと技術革新は印刷産業が持つコアコンピタンスとも言えるだろう。先ほど挙げた事業はどれもこのコアコンピタンスの延長線上にあり、一見すると共通点が見えにくく幅広く見える事業も、歴史を振り返ることで共通する原点が見えてくる。

企業ミュージアムという形で印刷産業を理解することは、産業が持つコアコンピタンスへの理解でもあり、産業をリードする凸版印刷への理解や信頼を高めることにもつながっているのだろう。事業領域の広さから多くのステークホルダーが存在する凸版印刷にとって、印刷博物館はさまざまなステークホルダーとの関係性を強くするPR資産として意義のある場になっている。

「経営の神様」の経営観や人生観に触れる

パナソニックミュージアム

所在地：大阪府門真市　**運営**：パナソニック ホールディングス株式会社　**オープン**：2018年

044

広く開かれた学びの場

　大阪市街中心部の淀屋橋駅から京阪電車に乗り20分弱、西三荘駅で降りる。そこから徒歩すぐのところに「パナソニックミュージアム」がある。パナソニックミュージアムは、2018（平成30）年3月7日、パ

パナソニックミュージアム正面・松下幸之助銅像
（写真提供：パナソニック ホールディングス）

ナソニック（旧松下電器産業）の創業100周年を記念してリニューアルオープンした。1968（昭和43）年の創業50周年で設立した「松下電器歴史館」の新装となる。創業者である松下幸之助の言葉や歴代の製品を通して、その熱き思い、パナソニックの"心"を未来に伝承し続けたいという思いから、広く開かれた豊かな学びの場として設立し、誰でも無料で入館できる。幸之助の経営観・人生観に触れることができる「松下幸之助歴史館」と、ものづくりのDNAを伝える場「ものづくりイズム館」、そして市民に憩いを与える公園施設「さくら広場」で構成されている。

　駅から最も近い松下幸之助歴史館は1933（昭和8）年に竣工された松下電器製作所の第三次本店があったまさにその場所にある。当時の第三次本店の趣を忠実に再現したのが、このミュージアムの象徴となる建物だ。入館するとまず目にするのが幸之助本人の筆字による"道"のパネル。幸之助の言葉がゲストを温かく迎えてくれる。

　展示室内にはこの"道"以外にも、要所要所に幸之助の言葉が残されている。「物をつくる前に人をつくる」「成功するまで続ける」といった言葉が書かれたカードは自由に持ち帰ることができ、すべて集めると30枚の名言集となる。

　館内は「1章・礎／2章・創業／3章・命知／4章・苦境／5章・飛躍／6章・打開／7章・経世」の7章の展示構成から成る。幸之助の94年の生涯を"道"としてたどりながら、パネルや映像資料、当時の製

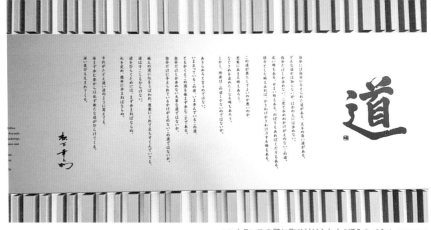

エントランスの壁に取り付けられた"道"のパネル（筆者撮影）

品実物展示などが並べられている。幾多の苦難を乗り越える中に幸之助が見いだした「行き方」や「考え方」を時系列に巡りながら深く学ぶことができる施設だ。

また創業時の作業場を再現した「創業の家」では、当時使用されていた釜や足踏み機、型押し機なども見ることができる。ものづくりの原点である100年前の職場だ。オートメーション化で工場から人が消えていく現在においては、そこで働く人々が日々どんな会話をしながら手や足を動かし、失敗に学び改善を重ね、職人としてのこだわりを見いだしていったのか、当時の働く姿に思いをはせるのも面白いだろう。

くらし文化を創造し続けた 家電製品を展示

隣の建物となるものづくりイズム館は創業以来、新しいくらし文化を創造し続けてきた歴代の家電製品約550点を一堂に展

創業時の借家を再現（写真提供：パナソニック ホールディングス）

示している。白黒テレビ、洗濯機、冷蔵庫の「三種の神器」をはじめ、テクニクスブランドで一世を風靡（ふうび）したオーディオ機器などのエポックメーキングとなった家電製品は同じ時代を生きてきた筆者としては非常に懐かしい。

創業から2010年代までの広告などを集めたコーナーも来館者から好評を博しているようだ。また工業デザインを学ぶ学生が熱心に見学するなど学びの場にもなっている。まさにものづくりに情熱を注いできた幾多の先人の熱き思いに触れ、次の100年につなげる施設として機能していると言えよう。案内パンフレットは日本語、英語、中国語のものが配布されており、館内で展示している映像資料も日本語、英語のほか一部は中国語に対応している。

「社員啓発」の場として設立

歴史文化コミュニケーション室パナ

ソニックミュージアム館長の高濱久弥（たかはまひさや）氏に活動について詳しく説明をいただいた。幸之助は1918 (大正7) 年の創業以来、店員養成所 (1934〈昭和9〉年)、社員研修所 (1964〈昭和39〉年) を開設するなど特に人材教育に力を注いできた歴史がある。そして1968年には50周年事業としてパナソニックミュージアムの前身となる松下電器歴史館を設立した。コンセプトは社業発展に寄与すべく、社史を理解し誇りを感じ先人の偉業をしのぶ、全従業員にとっての「心のふるさと」であり、「自修自得の場」としている。

さらに1976 (昭和51) 年、社史室という部署を設置し同歴史館を傘下に包含し、高濱氏が所属する歴史文化コミュニケーション室の原型が整った。歴史文化コミュニケーション室の役割は、社史に関する資料の保存管理、社史の編纂、創業者事業観の探究と創業者精神の社内外への周知の

数々の製品が並ぶ収蔵庫 (写真提供：パナソニック ホールディングス)

ものづくりイズム館エントランス。幸之助の哲学の、まさに「入口」だ（写真提供：パナソニック ホールディングス）

三つである。その上でミュージアムの目的は、松下電器歴史館から引き継ぐ「社員啓発」がある。

地域・社会と事業にも貢献

　ミュージアムは、「社員啓発」に加え、「地域・社会貢献」「事業貢献」も担っている。企業市民として地元や社会に開かれた場としての独自性の高い企画展、ワークショップ、にぎわい創出イベントでパナソニックファン化を図ってきた。修学旅行をはじめ学校の課外学習で利用されるケースも多い。「事業貢献」においては国内外のビジネスパートナーを迎え入れることで信頼感を醸成している。海外から（※コロナ禍以前）は全体の4分の1ほどだという。

コロナ禍でオンラインの情報発信へシフト

　設立当初は、社内外への広報PR活動や地域と連動したイベントなども積極的に展開していたが、2020（令和2）年春からの新型コロナウイルス感染症の感染拡大によって年間27万人あった来館者が5万人に減り環境が激変した。その対策としてまずオンライン活用を強化した。次世代層をターゲットに外部著名人との番組配信を年4回配信、PHP研究所が発行する書籍を題材にした自己啓発コンテンツを年6回配信のほか、社員自らが企画展をライブ発信するなど2021（令和3）年度のインターネット総PV数は約160万PV、動画再生数は93万回に達している。Facebook、Instagramなどのソーシャルメディアを積極的に活用し、常に情報発信を続けフォロワーを拡大している。

インターナル広報も強化

　さらに2021年度から、パナソニック

ミュージアムでは重点ステークホルダーを従業員とした「社員啓発」、いわゆるインターナル広報に力を注ぐことに決定した。これは2022（令和4）年4月にパナソニックがホールディングス化されるというグループ体制の大きな変革があったためである。事業会社ごとに"専鋭化"を加速させるためにも創業者の理念に立ち返り、強い松下らしさをつくり出すことが重要だと考えられたことによる。

現在の経営基本方針は多言語に翻訳され世界中の同社従業員に届けられている。経営基本方針の理解を深める上でパナソニックミュージアムのような歴史を学べる施設は日本と中国の2カ所にしかないため、その代わりになるようなデジタルコンテンツをミュージアムではオンライン上で提供している。従業員が自社の理念が分かっていないのに世の中に自分たちの活動を伝え、貢献していくことはできない。人材教育に力を注いできたパナソニックならではの歴史を継承しているのはさすがだ。

「経営の神様」松下幸之助とは

幸之助について触れておく。大阪府門真市とその周辺市にはものづくり企業が多く集積している。明治時代後半から昭和初期にかけてこの地域では交通路が整備され、工業化が進んだ。特に幸之助が創業した松下電器の本店と工場が1933年に同地に移転してから関連する工場が増加し"ものづくりの街"として大きく変化した。

電灯さえ普及していなかった明治の終わりに電気の世界に身をささげ、現在のIoT時代を目前にした昭和の終わり（平成元年）にその生涯を閉じた幸之助の人生は、日本の高度経済成長時代、昭和を象徴するサクセスストーリーと言えよう。9歳

ものづくりイズム館内のミュージアムショップ（写真提供：パナソニック ホールディングス）

で大阪の火鉢店の丁稚から始まり、幾多の困難を克服し自らの"道"を歩み続けた。社会の繁栄を追い求める強い精神と庶民性を併せ持つ人間的な魅力。経営者として成功を収めてきた幸之助をちまたでは「経営の神様」と呼ぶようになった。その生き様は今でも、国内外の多くの人の心を動かす。

　こうした自らの経営活動と同時に、戦後すぐの1946（昭和21）年に創設したPHP研究所による倫理教育や出版活動を通じて、幸之助は、「人間とは何か」という根源的なテーマにも向き合った。1968年の発刊以来、累計550万部を超え、今なお読み継がれる驚異のロングセラー『道をひらく』は、幸之助が自分の体験と人生に対する深い洞察を基につづった短編随想集である。ミュージアムショップにも多くのPHP研究所の書籍と共に限定オリジナルカバーで販売（税別870円）されている。

　両館にあるミュージアムショップでは、ここでしか買えない懐かしい「ナショナル坊や」のキャラクターグッズをはじめ、オリジナル商品やPHP研究所の書籍などが買える。

　市民の憩いの場として開放されている「さくら広場」にも、心を打たれる。1万6200平方メートルの敷地には春になると190本のソメイヨシノが満開になる。

最後に・・・

　実は西三荘駅に降りたのは約35年ぶりであった。35年前は、松下電器に勤める友人と会うためであったが、駅周辺は工場

さくら広場（写真提供：パナソニック ホールディングス）

に勤務する人たちであふれていた。時間帯にもよるがその頃に比べると町の様相が変わり随分と整頓された静かなところになっていると感じた。パナソニックミュージアムの屋根にモニュメントとして「船の舵輪」が取り付けられている。第三次本店を建てた際、松下幸之助が本社機能として「舵」を取る意味から当時わざわざ神戸で購入し、取り付けさせたモノらしい。

　パナソニックミュージアムのウェブサイト

には、「社会、経済、産業… あらゆる面で
大きな転換期にある今日、"社会の発展の
お役に立つ企業" であり続けるために、パ
ナソニックグループは今後も松下幸之助
の経営理念に立脚し、新しい未来を切り拓
いてまいります」と記載されている。海図
のない海を航行する船のようにどのように
舵を切って新しい未来を切り開いていくの
か。ミュージアムには松下幸之助の魂が生
き続けている。

屋根にある「舵輪」（写真提供：パナソニック ホールディングス）

07 Bridgestone Innovation Gallery

未来のビジネスを共創する

Bridgestone Innovation Gallery

所在地：東京都小平市　**運営**：株式会社ブリヂストン　**オープン**：2020年

052

7年間の構想から生まれた新たな施設

東京都小平市、西武国分寺線・小川駅の東口を出ると真っすぐに伸びる道がある。その名も「BS中央通り」。「BS」とは「Bridge Stone」の頭文字を取ったものだ。「ブリヂストン」と名の付く建物が立ち並ぶその通りを歩くと見えてくるのが今回の目的地「Bridgestone Innovation Gallery（以下、ブリヂストン イノベーション ギャラリー）」だ。2020（令和2）年11月に一般公開が開始されたばかりのこのミュージアムは、ブリヂストンの歴史や事業活動、さらには未来に向けた活動を紹介している。

ブリヂストン イノベーション ギャラリーは、単独の施設ではない。「Bridgestone Innovation Park（以下、ブリヂストン イノベーション パーク）」という複合施設内の一部となっている。ブリヂストン イノベーション パークは、さまざまなステークホルダーに、同社のこれまでの歩みや2050年を見据えたビジョンに共感してもらうことから始め、"共議""共研" へと関係を深め、さらに新たな価値を共に創造する"共創" へと進化させていく複合施設である。

2022（令和4）年4月には、社外パートナーたちとアイデアを膨らませ、実際に形にすることができる「B-Innovation（ビー イノベーション）」とテストコース「B-Mobility（ビー モビリティ）」の二つの新施設を開設し、ブリヂストン イノベーション パークが本格稼働した。つまり、ブリヂストン イノベーション ギャラリーで生んだビジョンへの共感を、「B-Innovation」で形にし、「B-Mobility」でテストする、そして共創へとつなげていくという流れである。「ビジネス」の創造にも利用されるというのは、ほかの企業ミュージアムとは異なる点だ。構想期間は約7年、投資金額は約300億円と企業としての力の入れ具合が感じられる。

ブリヂストン イノベーション ギャラリー外観（筆者撮影）

技術センターへ行くまでに
必ず通らなければならない場所

　今回は、ブリヂストン イノベーション ギャラリーの館長の森英信氏にご案内いただいた。森氏は1991（平成3）年入社以来、海外部にてサプライチェーンマネジメントやマーケティングを担当。2020年開館時より館長となり、自らもガイドツアーを行っている。技術畑出身ではなく海外駐在などの幅広い業務の経験者を館長に任命するという人選も、ビジネスが創造されるこのミュージアムならではの特徴かもしれない。

　ブリヂストン イノベーション ギャラリーは、1.WHO WE ARE ／2.WHAT WE OFFER ／3.HOW WE CREATE ／4.WHERE WE GO の四つのエリアに分かれている。一つ目の「WHO WE ARE」は、ブリヂストン創業時からの歩みやDNAを感じられるエリアである。まず初めに目に飛び込んでくるのは創業当時の企業ロゴだろう。石で橋を造る際に最も大事な場所にある要石（キーストーン）をモチーフにしたデザインに、「BS」と書かれたシンプルなロゴである。そのほか、創業当時のタイヤのレプリカなども展示されている。

　同社の歴史の中でも特筆すべき点は幾つかあるが、そのうちの一つが1962（昭和37）年の技術センター竣工だ。それまで技術開発部門は創業の地である福岡県久留米市と東京都の2カ所に分かれていたが、東京工場の建設計画に関連して、総合的研究機関として技術センターが新設された。

　その技術センターが建設された場所こそが、東京都小平市である。創業の地に企業ミュージアムを構える企業は多いが、ブリヂストンが小平市に企業ミュージアムを造った理由はここにある。技術センターは現存しており、グローバルに活躍する同社の中心として機能し、世界中のデータがこの小平市に集まるという。また、「技術セン

森氏と、全長4メートルの世界最大級のタイヤ（筆者撮影）

「WHO WE ARE」ゾーンに入ると、
創業当時の企業ロゴも見える（筆者撮影）

ターへの導線として、必ずここを通るように設計している」と森氏。技術センターには多くの社外パートナーが訪れるが、必ずブリヂストン イノベーション ギャラリーを通ってもらうことによって、同社の歴史に共感するだけではなく、ソリューションの豊富さに気付き新たなイノベーションを生むきっかけとなっている。

クイズに使用されているタイヤの表側（筆者撮影）

知的好奇心をくすぐるタイヤのクイズは子供にも大人気

　二つ目のエリアは「WHAT WE OFFER」である。このエリアでは、ブリヂストンのコア事業である「タイヤ」に焦点を当て、その成分であるゴムの成り立ちや、タイヤの役割について紹介している。

　「WHAT WE OFFER」エリアに入るとまず目に飛び込んでくるのが、形や大きさが異なるさまざまなタイヤである。そのタイヤがどんな自動車に使われているかがクイズになっており、表側には正解となる自動車の輪郭だけがイラストで描かれている。

　そのイラストとタイヤの大きさや表面の溝からどの自動車で使われるかを想像し、裏側をのぞくと答えが分かるという仕組みだ。使用用途によってタイヤの大きさ、溝の形状や深さ、色までも異なる。例えば工場内で使用するタイヤでは、床に色が付いてしまうのを避けるために白色のタイヤが使われている。同社の細やかな技術とタイヤの無限の可能性を感じられるエリアとなっている。

　これまでビジネス側面のことばかり書いてきたが、ブリヂストン イノベーション

クイズに使用されているタイヤの裏側（筆者撮影）

ギャラリーはさまざまなオーディエンスをターゲットにしている。特にこの「WHAT WE OFFER」エリアでは、子供の知的好奇心をくすぐるような展示物が多い。どのような層が普段このミュージアムに足を運ぶのか森氏に尋ねたところ、「校外学習や社会見学でもよく使われている」とのことだった。

　「あらかじめ先生方からどんな校外学習が良いのかをヒアリングし、実行しているので満足度はとても高いです。例えば、タイヤの一生が分かるようなワークシートを開発し、謎解き感覚で学習できるようにしています」。大人から子供まで楽しめるこ

とが分かった。

タイヤメーカーから
ソリューションカンパニーへ

　三つ目のエリアは「HOW WE CREATE」。ここでは、幅広い分野で課題解決を目指すブリヂストンの多様なイノベーションが分かる展示がある。例えば、使用済みのタイヤを熱分解して作る再生カーボンブラックなどだ。同社のビジョンは「2050年 サステナブルなソリューションカンパニーとして社会価値・顧客価値を持続的に提供している会社へ」である。そこには、「タイヤ」という文字は一つもない。タイヤはコア事業ではあるものの、同社はこれまでの経験や技術を生かした新たなソリューションを生み出す企業へと進化し続けている。

　技術センターへ訪れる際にさまざまな社外パートナーがこのエリアを体験し、「ブリヂストンはこんなこともできるんだ」と驚かれるという。このエリアで紹介されている技術やソリューションへの共感から共同プロジェクトにつながることもあるそうだ。

PR活動の起点としての企業ミュージアム

　最後のエリアは「WHERE WE GO」だ。ここでは、イノベーションの先に広がる新しい未来が感じられる。具体的には、月面ローバ用のタイヤや、走行中に給電ができるタイヤ、さらには空気の要らないタイヤまで展示されている。このように「未来」をリアルに共有することができれば、社員のモチベーションにもつながるはずだ。

　「ステークホルダーの中には社員も含まれます。コロナ禍での開館になってしまったため、実際に足を運んでもらうことは少ないですが、オンラインでのガイドツアーも行っています。日本の社員はもちろん、世界中のグループ会社の研修にも使ってもらっています。時差の関係で、米国などの社員たちにはまだリアルタイムで説明できていないのですが、タイやインドネシアなどアジアの関連会社の方々には100％生中継でブリヂストンの心を伝えています」

　森氏いわく、録画ではなく生中継でガイドツアーを行うことが大事とのこと。忙しい社員に興味を持ってもらうには、「あなたのためにやっている」ことを伝えるためにリアルタイムである必要がある。それが功を奏し、営業職から「ブリヂストンについて取引先にも知ってほしいのでガイドツアーをしてほしい」という依頼もあったという。ブリヂストン イノベーション ギャラリーがブリヂストンにおけるPR活動の起点の一つとなっていることが分かるエピソードだ。

月面ローバ用のタイヤ。
ゴムではなく金属で作られている（筆者撮影）

市や大学など地域社会との連携も活発

　四つのエリアにてミュージアムの見学は終了だ。ただ、ブリヂストンの魅力はミュージアムの外でも感じられる。先述した校外学習以外にも、地域貢献活動を行っている。例えば、ブリヂストン イノベーション ギャラリーを出てすぐ右手にはきれいに舗装された道がある。これは「Bridgestone Parkway」と呼ばれる全長450メートルの歩道で、地域の方々に、安心・安全、より快適に楽しく通行していただけるよう、ブリヂストンの土地を活用し、小平市、東京都とブリヂストンが連携して整備したものである。また、ミュージアムのすぐ近くに位置する武蔵野美術大学とは、産学連携プロジェクトとして展示企画を行うなど、小平市や地域社会との連携にも積極的に取り組んでいる。

　企業ミュージアムには有料で運営しているところもあるが、ブリヂストン イノベーション ギャラリーは無料で楽しむことができる。その理由は、「ブリヂストンのファンになってほしい。そして地域に貢献したいから」と森氏。1962年からこの地で企業活動を続けている同社にとって、小平市の存在がいかに大きいかが分かった。

最後に

　ここまでブリヂストン イノベーション ギャラリーと何度も書いてきたが、企業ミュージアムなのになぜ「Museum」ではなく「Gallery」という単語が使われているのだろうか。森氏いわく、その理由は、「Museum」は過去を紹介するものだが、ブリヂストン イノベーション ギャラリーは過去だけではなく未来への活動も紹介する場所だから。

　2019（令和元）年までは同じ場所に「ブリヂストンTODAY」という企業ミュージアムが存在していた。その名の通り、ブリヂストンの過去から現在までを紹介するミュージアムである。しかしブリヂストン イノベーション ギャラリーは、「ブリヂストンTODAY」とは異なり、同社の過去から現在、そして未来への活動を紹介している。名は体を表すとは、まさにこのことだ。この場所からさまざまなイノベーションが生まれることを期待したい。

Bridgestone Parkway（筆者撮影）

08 Vacuum Bottle & Air Pot Pavilion

プロの矜持と
おもてなしの心
きょう じ

まほうびん記念館

所在地：大阪府大阪市
運営：象印マホービン株式会社
オープン：2008年

右：象印マホービン本社（大阪市北区天満）とその1階にある
「まほうびん記念館」（写真提供：象印マホービン）
下：館内の様子（筆者撮影）

魔法瓶の技術と魅力を伝える発信基地

　残暑が続く2022（令和4）年8月下旬の大阪、筆者は大阪市北区天満にある「まほうびん記念館」を訪れた。同記念館は象印マホービンの本社の1階にあり、同社が運営している。あまりの暑さに入館前、持参したマイボトルで一口、喉を潤す。マイボトルはもちろん象印だ。それにしてもこの炎天下にありながら、ずっと冷たくおいしく飲めることにいまさらながら感嘆する。

　同記念館は、象印マホービンが創業90年を記念して2008（平成20）年にオープン。

広く一般の方を対象に日本の魔法瓶の草
創期から魔法瓶業界の発展と進化の歴史
を紹介するとともに、魔法瓶を中心に国内
外から集めた約350点の展示をしている。
そして、創業100周年を迎えた2018 (平成
30) 年にリニューアルし、新たに110本も

の異なる色柄や形状、素材などの魔法瓶
を並べた展示コーナー、その名も「まほう
びんの森」を新設した。
　この森には有田焼からキャラクター柄ま
で多種多様な魔法瓶が展示されているが、
ガラス製魔法瓶の内瓶を使用した照明の

リニューアル後に新設された「まほうびんの森」(写真提供：まほうびん記念館)

演出で、統一感のある落ち着いた空間になっている。100年の歴史を誇る魔法瓶など、ここでしか見ることのできない貴重なものもあり、知らなかった魔法瓶の世界を堪能できる。

また館内には、宇宙開発へのサポートや、スポーツを含むさまざまな産業などに貢献する新技術なども紹介されており、日本の魔法瓶の技術力の高さを改めて認識できる。まほうびん記念館はまさに業界を代表して大阪から全国にそして世界に、魔法瓶の技術と魅力を伝える発信基地となっている。

あえて「まほうびん」にしている理由

「魔法瓶記念館」ではなく、あえて平仮名にしているのには理由がある。小さな子供から大人まで幅広い世代の方々に来館いただき、時代と共に進化していくさまざ

まな商品をそれぞれの目線で見て楽しんでもらいたいという思いからだ。エントランスでは、魔法瓶が生まれるまでを紹介したビデオ絵本が優しい語り口で迎えてくれる。太古の時代から魔法瓶誕生に至る、人類の保温・保冷の工夫の歩みが、子供も分かるようにニュアンス豊かなアニメー

真空を体験する実験装置 (新型コロナウイルス感染予防対策のため、現在は休止) (写真提供：まほうびん記念館)

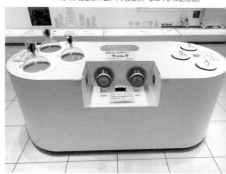

ション映像で紹介されているが、大人が見てもとても新鮮だ。

　また館内には魔法瓶の仕組みが分かる"真空"のふしぎを体感できる実験装置などもあり、子供から大人まで目と耳、体全体で楽しめる施設となっている。かつては運動会や遠足での必需品だった魔法瓶だが、今や年齢やシーンに関係なく、熱中症対策やサステナビリティを背景に、筆者同様、マイボトルを持ち歩く人は多い。保冷・保温の利く魔法瓶は、すでにわれわれの日常には欠かせない存在となっていることに改めて気付かされる。

1人でも社員のガイド付き案内

　そしてもう一つ、この記念館を本社の1階に開設したのにも理由がある。交通の便が良いだけではなく、社員啓発、取引先とのコミュニケーションツールとしての利点もあるが、特筆すべきは、見学のスタイルが開館当初からすべて完全予約制で広報部の社員自らがガイドとなって案内している点だ。そのため会社の休業日である土・日・祝日などは閉館し、平日のみ1日3回、それぞれ約1時間のガイドを実施している。たとえ1人だけの予約でも1組とし、同じ対応をしているという。

　ここまで徹底した対応は、他の施設にもあるのだろうか？　企業ミュージアムを専門に研究している大正大学の高柳氏に確認したところ、「完全予約制で、1人での予約であっても必ず社員によるガイド付き案内をしているというのは、非常に珍しいケース。企業の取引先が相手の場合はよ

く行われるが、一般の来館者の場合も必ず行うという方針は、数ある企業ミュージアムの中でもあまり例がない」と言う。案内に効率性を求めない、究極のおもてなしだ。

　来館者数よりも、個々の来館者を大切にするスタンスが徹底されているのである。ただコロナ禍の現在では、来館者の近くで40〜50分解説をすることによる感染リスクも考慮し、希望者には同じ説明内容を入れたタブレットでの無料音声ガイドも利用できるようにしているそうだ。英語・中国語なども選べるようになっており、海外からの来館者にも対応している。ガイドは基本1回の説明につき1組を対象にしているので、これまでは遠方から来られる方でも予約が重なるとお断りしなければならなかったが、タブレットの活用によってこういった問題も解決でき、実際に利用者も増えているとのこと。

魔法瓶の歴史は象印100年の歴史

　「真空の力」による保温・保冷技術が誕生して100年余り。館内には魔法瓶の原型となったフラスコのレプリカがある。1892（明治25）年に英国の化学者デュワーが考案し、その名前が付けられた「デュワー瓶」のレプリカは、この記念館のシンボル展示である。真空では熱が伝わらない性質を利用して、内瓶と外瓶の二重壁の内部を真空にしたガラス製の断熱容器だ。

　欧州で生まれた魔法瓶は明治末期に日本に輸入され、当時ガラス工業が盛んだった大阪を中心に日本の魔法瓶工業は発展

していった。今でも大阪に本社を置く魔法瓶メーカーが多いのはそのためだ。そしてその一つが現在の象印マホービンである。創業者は市川銀三郎とその弟・金三郎の兄弟で、電球加工の職人だった金三郎が魔法瓶に興味を持ち、銀三郎と共に1918（大正7）年、魔法瓶の中瓶製造を行う「市川兄弟商会」を立ち上げた。

　もともと白熱電球は真空工業の元祖のようなもので、ガラスで真空の中瓶を製造するのと技術的に通じるものがあったようだ。やがて中瓶製造から自社魔法瓶製造への道を歩み始め、今の象印マホービンにつながっている。以来、同社は真空断熱のテクノロジーを基本に進化し続け、今日に至るまで、どの時代においても人々の暮らしの中から製品づくりを発想し、「便利

魔法瓶の原型となった「デュワー瓶」のレプリカ
（筆者撮影）

さ」や「快適さ」を届けてきた。魔法瓶の歴史はそのまま象印マホービンの歴史である。それは同時に日本人の暮らしのスタイルまでも変えてきた100年だ。

　館内メインホールの右面には魔法瓶の歴史や技術を紹介、左面には同社の歩みが刻まれている。時代を彩った数々の魔法瓶の中には、子供の頃、家で使っていた見覚えのあるものも置かれている。歴代の商品を見て昔を懐かしむことができるのも、記念館ならではの楽しみ方だ。

気が付けば暮らしの中に象印

　象印ブランドについても少し触れておきたい。創業から5年後、1923（大正12）年についに初めての魔法瓶が完成。商標は「子供たちにも人気があり、寿命が長く家族愛も強い」ということで象のマークに決まり、第1号の「象印」が刻印された魔法瓶が発売された。ちなみに当初は生水が飲めない（＝お湯を沸かして飲む）海外に需要があったため、象は主な輸出先である東南アジアでも親しまれ神聖視されていたことから、輸出用には「ELEPHANT & CROWN」の商標と王冠を載せた象のイラストを用いていたという。当時に比べるとシンプルなロゴになっているが、おなじみの象のマークは今も健在だ。

　ものづくりにゴールはなく、ガラス製から割れないステンレス製へ。またマイボトルが主流になると小型、軽量化へ。常にお客さまファーストの姿勢は、魔法瓶の会社であっても魔法瓶だけにこだわらず、その時代に人々が必要としているものを作りた

いという思いから、熱源を持つ電子ジャーの製作にも踏み切った。

1970（昭和45）年に世界初の電子ジャーを発売、象印電子ジャーは大ヒットとなった。ご記憶の方も多いだろう。冷めたご飯ではなく、いつでも温かいご飯を保てる電子ジャーは、日本の高度成長期真っただ中で、親の帰りを待つ子供たち、帰宅が遅くなったお父さんなど、食べる人の心も温かくしてくれたに違いない。

そのほか、離れた家族の安否確認システムを搭載した見守りポットなど、誰かの「困った」がすべてのものづくりの原点になっている。企業理念「暮らしをつくる」は創業時から不変だ。世の中に登場した象印ブランドは数え切れないほど多種多様。筆者宅も改めて確認するとマグボトルと加湿器2種は象印だった。気が付けば暮らしの中に象印が溶け込んでいる。

未来に向け挑戦し続ける姿勢

前述したが、宇宙開発のサポートやスポーツなど、さまざまな分野にも象印マホービンの新しい技術が生かされている。2004（平成16）年には宇宙への進出も果たした。JAXA（宇宙航空研究開発機構）から依頼

商標の変遷

戦前		1964年	ELEPHANT（貿易用）	（内地用）
戦後		1974年	ZOJIRUSHI	
1953年	ELEPHANT CROWN（貿易用） ELEPHANT（内地用）	1977年	ZOJIRUSHI	
1958年	象印	1986年	ZO ZOJIRUSHI	
1961年	象印	2009年〜	ZOJIRUSHI ZOJIRUSHI	

象印の商標の変遷（画像提供：象印マホービン）

を受けた同社が、国際宇宙ステーションでの実験に使うステンレス製の真空断熱容器を作製。打ち上げ時などにかかる40Gという強い衝撃にも耐えられる強度を実現し、その技術力の高さを世界に示した。ちなみに航空母艦にジェット戦闘機が着陸する時に生じる衝撃が7Gとのことなので、40Gという衝撃は想像を絶する。

またアテネオリンピックで金メダルに輝いた、女子マラソン選手の野口みずき氏が実際に使った象印の給水ボトルも紹介されている。体の冷却と給水の機能を併せ持つアスリート仕様のスグレモノで、野

野口氏が実際に使用した給水ボトル。魔法瓶の中にスプリング構造を組み込み、キャップを開けると容器が飛び出し、全速力で走りながらも飲みやすいボトルを開発（写真提供：まほうびん記念館）

口氏に「このボトルが私を救ってくれた」と言わしめたほどと聞く。時代と共に進化していくさまざまな商品が示すように、未来に向け挑戦し続ける姿勢は、100年たった今でも変わらない。

魅力的な企画展でより深く

同記念館には現在までに約1万7000人が訪れている。平日のみの限定的な見学にもかかわらず、だ。館長の杉山一美氏にその理由を伺うと、常設展示のほかに期間限定で開催している企画展も人気らしい。「今開催している『海とマイボトル展』は、2021（令和3）年11月から2022年4月までの予定でしたが、好評につき2022年12月27日まで延長しています」と言う。

そして「皆さまが身近で使っている魔法瓶は、エネルギーを一切使用せず保温・保冷する商品です。また、使い捨てのペットボトルとは異なり、繰り返し使うことでプラスチックごみを減らし、CO2削減にも貢献できる地球に優しい商品であるということを、改めて知っていただき、今、私たちに何ができるかを考える機会にもなればと思っています。これからも、皆さまの生活に身近な魔法瓶をもっと知っていただけるよう、さまざまな企画展で発信していきたいと考えています」とお話しいただいた。

なるほど、企画展が一つのメディアになっているのだ。伝えたいメッセージは、こうした企画展を通して来館者に環境問題などを考えるきっかけをつくり、より深く伝わっていき、次のリピート来館につながっているのではないだろうか（現在は新型コロ

企画展「海とマイボトル」の展示（筆者撮影）※2022年8月時点の内容です。

ナウイルス感染症対策のため、企画展の説明は希望者のみに実施）。

社名に「マホービン」を付け続ける意味

最後に「マホービン」を社名に付け続けている理由を伺った。すでに同社は多種多様な製品を世に送り出しており、100周年を機に社名を変更する企業も少なくない中、その理由は何なのか。「正確には創業時の『市川兄弟商会』から2度名前を変えていますが、魔法瓶の中瓶の製造から始まった会社ですので、それが会社のルーツであり、過去も現在も弊社の主力商品である『マホービン』を社名に付け続けています」とのこと。

それを聞いて同社が何を大事にしているのかがより鮮明になった。魔法瓶の会社であれば魔法瓶に始まり、温かいものは温かく、冷たいものは冷たく、「お客さまの

ために、熱を管理すること」への熱意。そしてそこから暮らしをより豊かにするための追求を続ける姿勢。すべてはお客さまのため。個々の来館者を大切にするスタンスは、きっと館外のお客さまに対しても同様なのだろう。それは社員が100年をかけて築き上げてきた象印ブランドに誇りを持っていなければできないことであり、その上でお客さまに満足いただけるよう、それぞれの立場で最高のパフォーマンスをする、プロの矜持も併せ持っていなければできないことだ。説明するガイドの方の熱量からも伝わってくる。

来館者数は追求せずとも、自分ごと化した来館者の一人がブランドアンバサダーになり、複数の人に象印マホービンのストーリーを伝えていけばどんどんファンが広がっていくというシステムなのかもしれない。象印マホービンの強みを感じた。

未来へ伝える「研究と創造の精神」

トヨタ産業技術記念館

所在地：愛知県名古屋市　　**運営**：トヨタ産業技術記念館運営組合　　**オープン**：1994年

はじめに

　トヨタグループでは、現在国内で六つの文化・展示施設を運営している。その中でトヨタグループ17社が共同で運営し、最も規模が大きい施設が「トヨタ産業技術記念館」である。トヨタグループの始祖豊

トヨタ産業技術記念館正面玄関側外観
（写真提供：トヨタ産業技術記念館）

田佐吉の長男で、自動車事業を興した豊田喜一郎の生誕100年を記念して、1994（平成6）年6月に設立された（当時はグループ13社での共同設立）。1911（明治44）年に佐吉が自動織機の研究開発拠点として創設し、その後豊田紡織の本社工場があった土地と建物を活用している。

　トヨタ産業技術記念館はJR名古屋駅から、電車なら名鉄名古屋本線で1駅の栄生駅下車徒歩約3分、タクシーなら約5分の便利な場所に立地している。開館から2022（令和4）年末までの累計来館者数は670万人以上に上る、日本を代表する企業ミュージアムだ。今回は館長の大洞和彦氏に館内を案内いただくとともに、同館の役割や見どころ、今後の展望についてお話を伺った。

トヨタ産業技術記念館の概要

　同館は、「『研究と創造の精神』と『モノづくり』の大切さを次世代へ」というコンセプトを掲げている。トヨタグループは繊維機械事業と自動車事業によって成長したが、いずれも近現代日本の発展を支えた基幹産業であり、同館の展示収蔵品は日本の産業史にとっても非常に貴重な資料だ。

　約4万2000平方メートルの敷地には、歴史的建造物である赤煉瓦造りの工場を丁寧にリノベーションした記念館が建っている。建物および展示物の一部は2007（平成19）年に経済産業省より「近代化産業遺産」として認定を受けたものだ。全体は繊維機械館と自動車館に分かれてお

豊田式木製人力織機（写真提供：トヨタ産業技術記念館）

り、展示施設のほかにレストランやカフェ、ミュージアムショップ、図書室やホールが併設されている。また、繊維機械や自動車に使われている仕組みを取り入れたオリジナル遊具がある子供向けのテクノランドもあり、幅広い年代の来館者が楽しみながら学べる施設となっている。

繊維機械館には、糸を紡ぐ・布を織るための初期の道具から現代の繊維機械まで、約100台の紡織機械が一堂に展示されている。数多くの機械が立ち並ぶ中にあって、最も人気があるのは佐吉の最初の発明「豊田式木製人力織機（人力織機）」（複製）と、当時世界最高峰といわれた「無停止杼換式豊田自動織機（G型自動織機）」

だという。人力織機は両手で織っていた装置を片手で操作できるように改良したもので、織りムラがなく品質が向上し、能率も従来から4〜5割向上した。1890（明治23）年に開発され、佐吉は最初の特許を取得している。

1924（大正13）年に完成したG型自動織機は、高速運転中にスピードを落とすことなく杼（シャトルとも呼ばれるたて糸によこ糸を通す道具）を交換してよこ糸を自動的に補給する自動杼換装置をはじめ、さまざまな工夫がなされた画期的な機械である。佐吉がその前に開発した日本初の動力織機の20倍を超える生産性を実現したという。当時世界の繊維機械業界をリードしていた

無停止杼換式豊田自動織機（写真提供：トヨタ産業技術記念館）

ごとに説明員を配置し、見学者が来ると、仕組みやそれまでとの違いを説明しながら実際に動かしてくれる。その臨場感や迫力は同館最大の魅力で、そのための投資は惜しまないとのことだ。G型自動織機で杼が目にも留まらぬ速さで動き、糸がなくなると瞬時に交換されるところや、不良品が出ないようにたて糸が切れると自動的に機械が止まる様子を見せてもらうと、完成から100年近くたった今でも「おーっ」と声を上げたくなる。

英国のプラット社から熱望され、有償で特許権の譲渡を行った。このことは多くの日本人技術者に誇りをもたらすとともに、トヨタが国産自動車の開発・生産に乗り出す資金ともなった。

　同館では「人が説明して、実際に動かす」動態展示にこだわっている。主要機械

自動車製造の苦難と進化が分かる「自動車館」

　自動車館では、1933（昭和8）年に喜一郎が中心となって自動車事業を立ち上げ、生産を始めるまでの歴史や、生産技術の変遷、クラウンやカローラなど歴代の代表的な車種が紹介されている。特に創業期

トヨダAA型乗用車
（写真提供：トヨタ産業技術記念館）

の開発史は、復元された当時の「材料試験室」などの展示を通して詳しく説明されている。

　自動車の製造には、多種多様な材料、部品、そして技術開発が必要だ。繊維機械で培った技術を生かし、輸入自動車を参考にしながらも、エンジンやボディー（車体）の開発は苦難の道のりだったことが伝わってくる。政府の要請を受けて1935（昭和10）年にわずか9カ月で完成させたものの、相次ぐ故障で販売後に大変な苦労を生んだ「トヨダG1型トラック」（展示は複製）は、その後のアフターサービスの充実につながったという。また、1936（昭和11）年に誕生したトヨタ初の乗用車「トヨダAA型乗用車」（展示は複製）は、復元された当時

の組み立てラインと共に展示され、試作ボディーが手叩き板金によって作られた様子を見ることができる。流線型ラインが美しいAA型は、「今売られていたら買いたい」という声も多数あるという。

　自動車館では、金属加工など製造工程の実演が見どころの一つで、1930年代に行われていた人力による鍛造工程の再現や、1960（昭和35）年に導入された米国製の600トンプレス機による迫力満点の鋼板成形の様子を見ることができる。

創業期のモノづくりへの思いを伝えたい

　同館はモノづくりをテーマとする施設としてスタートしたが、開館当時は創業者に関しては詳しく触れていなかった。開館20

創業期のエンジン試作風景（写真提供：トヨタ産業技術記念館）

周年（2014〈平成26〉年）を経て、創業期の出来事をもっと伝えようと佐吉、喜一郎親子それぞれの生涯を紹介するコーナーを段階的に追加した。彼らが偉大な人物だったと言いたいのではなく、先人の苦労や思いがあって今に至ることを、社内外の人々に広く知ってもらいたかったからだ。

発明王だった佐吉だが、生涯では何度も挫折を味わった。喜一郎は、1955（昭和30）年発売の初代クラウンがもたらした、トヨタ車最初の大成功を見届けることなく亡くなっている。その後、喜一郎の思いを引き継いだ人々が、たくさんの汗を流して今日のトヨタグループの隆盛をつくった。そして、佐吉も喜一郎も「自分たちのためではなく、世のため人のため」といつも考えていたことも、次の世代に伝えたいことだという。技術を進化させ、産業を発展させることで社会を豊かにする、彼らの思いは、すべての企業の存在意義につながっている。

インターナルコミュニケーションでの活用

同館の入場料は大人でも500円と、内容を考えるととても安い。そのため運営費のほとんどはグループ17社の資金負担によるものだ。同館は、喜一郎の孫であるトヨタ自動車代表取締役会長の豊田章男氏が理事長を、各社の社長が理事を務める。17社の役員や部長が運営委員を務め、年に数回運営委員会を開催して活動計画や予算について議論を重ねる。企業ミュージアムとして継続していくためには、各社に運営費を負担している意味があると思わ

れることが必要であり、そのためには丁寧なコミュニケーションが欠かせない。

また、トヨタグループの新入社員研修、階層別研修にも活用されている。新入社員や若い世代では、入社するまでトヨタが繊維機械産業から始まったことを知らない人も多いという。従業員には先人のモノづくりへの思い、苦労を理解した上で今のビジネスに取り組んでもらうことが大切で、同館はその意味でも重要な役割を担っている。また、トヨタ自動車本社から近いこともあって、世界各国から社員や取引先がやってくる。「こんなに広いとは。時間が足りない」と言われてしまうとのことだ。関係者以外の外国人にも人気があり、コロナ禍前の来館者に占める外国人の割合は2割程度と高かった。館内音声ガイドアプリは6カ国語に対応している。

若い世代の学びを大切にしたい

同館はトヨタのブランディングを直接の目的としていない。モノづくりの歴史から未来を展望する学びの場であることを目指している。例えば、糸の紡ぎ方、布の織り方を見て繊維やアパレルに関心を持つことも、企業ミュージアムの大きな役割だ。だから高校生以下の若い世代を大切にしている。コロナ禍前のピーク時には年間40万人の来館者があり、そのうち4分の1に当たる10万人が高校生以下だった。彼ら彼女らがここで学ぶことで、モノづくりの魅力に気付き、将来を考える上での手助けになればと考えている。

企画展や展示のリニューアルなど、ミュー

週末ワークショップ（写真提供：トヨタ産業技術記念館）

ジアムとしては常に新しい魅力付けをしていくことが重要で、一度来た人にもまた来てもらえる場所にしたい。そのために館長の大洞氏自らが大学の通信教育課程を履修し、学芸員の資格を取得した。ほかにも数人が同様に資格取得を目指している。業務と並行しての資格取得は大変だが、トヨタ産業技術記念館を熟知しているメンバーが学芸員となり、展示の企画や手法をレベルアップさせることを目指すという。

一般にミュージアムは企画展で呼び込むものが多いが、同館は常設展示を中心としているため、それだけでは伝え切れないものをイベントで補っている。毎週末には、親子で参加できるモノづくりワークショップを開催し、大人気だという。また、毎年6月11日の開館記念日周辺の週末には、展示している昔のトラックや乗用車を走らせる開館記念特別イベントを開催して、こちらは大人にも人気となっている。

スタートアップの姿を見せることが夢

同館で今後取り組みたいこととして、具体的なスタートアップの姿を見せるという試みがある。佐吉、喜一郎親子はいずれも発明家であるとともに起業家であり、産業の基盤づくりの先達であった。

重要なのは、モノづくりの歴史を見せることだけではなく、何もないところから何かをつくった、その道筋を残し、次の世代に橋渡しすることだと考えている。このテーマに取り組むためには、トヨタグループだけではなく、ほかのスタートアップに関わる企業や団体とのネットワーク構築を進める

スパナスプーン & フォーク
(写真提供：トヨタ産業技術記念館)

必要もあり、短期間では難しい。将来同館
の運営に関わる人々に受け継いで、いつ
か実現できれば、と大洞氏は語る。

最後に

2021 (令和3) 年から同館のウェブサイト
上でバーチャルガイドツアーも立ち上げ、
コロナ禍で来館が難しい人々でも同館の
展示内容を見ることができるようにした。
網羅性が高く、充実したコンテンツだが、
やはり機械が目の前で動く臨場感はリア
ルに体験してこそのものだ。大洞氏も可能
な方にはぜひ来館してもらい、モノづくり

の世界をじかに感じてほしい、と言う。

ミュージアムショップでの人気商品に
ついて教えてもらったところ、やはり車好
きの来館者が多くミニカーが人気だとい
う。クッキーやレトルトカレーなどの食品も
定番だが、最近は、柄の先端にスパナが
付いたオリジナルデザインのフォークとス
プーンが人気とのことだ。

館長の大洞氏 (写真提供：トヨタ産業技術記念館)

「企業は社会の公器」を実践

INAXライブミュージアム

所在地：愛知県常滑市　運営：株式会社LIXIL　オープン：2006年

「INAX ライブミュージアム」は、1986（昭和61）年に当時のINAX の社長伊奈輝三により愛知・常滑の近代産業を伝える文化施設として「窯のある広場・資料館」が開館されたことから始まる。伊奈製陶からINAX へと社名変更がなされた翌年のこと

窯のある広場・資料館の外観
（写真提供：INAX ライブミュージアム）

であった。

創業者伊奈長三郎は、「企業は社会の公器」を標榜していたが、その思いが息子輝三にも受け継がれ、文化施設の設立という形で具現化された。窯のある広場・資料館開館の後、順次、施設を拡充し、2006（平成18）年にINAX ライブミュージアムとしてグランドオープン。現在では1万5000平方メートルの広大な敷地の中に、窯のある広場・資料館のほか「世界のタイル博物館」「建築陶器のはじまり館」「土・どろんこ館」「陶楽工房」「やきもの工房」の合計六つの施設に加え、レストラン、ミュージアムショップを有している。

「土と水と火」が全体のテーマ。「土は水を得て形となり、火を通してやきものになる。土とやきものが織りなす多様な世界を観て、触れて、感じて、学び、創りだす、体験・体感型のミュージアム」がコンセプトである。

常滑駅から"やきもの散歩道"を経て、点在する多数の常滑焼関連施設の中心的な存在だ。地域住民、一般客、取引先、従業員、博物館関係者などコロナ禍前には年間約7万人が、コロナ禍の2021（令和3）年には約5万人が来場。この数は、常滑市の人口約6万人に匹敵する。小・中学校の校外学習の場としても活用され、市内9校の小学校から毎年平均4校の児童が見学に訪れる。

地域住民や一般の方、取引先には、常滑市および常滑焼やものづくりの企業であるLIXIL への理解を促進し、ほかの博物館関係者には連携や意見交換の場となっ

ている。建築家・デザイナーには共創と挑戦の場を提供し、従業員には、人々の豊かな暮らしに向けた住まいづくりに使命感を持ち、自社を誇りに思ってもらう機会を提供している。

「企業は経済機関であると同時に 文化機関でなくてはならない」

設立当初の運営母体INAX は、2011 (平成23) 年に、トステムなど5社統合によって業界最大手の建材・住宅設備機器メーカー LIXIL となった。輝三は、日本一のタイルメーカーから衛生陶器を中心とした住宅設備機器メーカーへの大転換を図り、今ではスタンダードとなった温水洗浄便座などイノベーティブな製品を世に出し続けたことで「INAX の中興の祖」として知られている。「建築陶器 (タイル・テラコッタ) の収

集展示による建築文化の向上と書籍出版による文化的価値の公知に関する功績」で2022 (令和4) 年には、日本建築学会文化賞を受賞。

「企業の経済活動そのものが文化性を備えていなければならない、というのが伊奈輝三の考えです。生活に密着した住まいに関わる製品を扱う当社にとっては、心豊かな住まいや暮らしに貢献する製品づくりやサービスの提供を目指す社員一人ひとりが、生活・建築文化に関心と深い理解を持つことが大切です」。今回ご案内いただいた館長の尾之内明美氏は言う。

窯のある広場・資料館 ～近代化と土管製造の確立～

最初に開館した窯のある広場・資料館は、1921 (大正10) 年に片岡勝製陶所によっ

INAX ライブミュージアム館長 尾之内氏

て建造され、1971 (昭和46) 年まで、土管や
焼酎瓶、クリンカタイル (厚手で丈夫な床材)
を製造していた。隣接するINAX が1986
年に保存・公開し、その後購入。常滑焼土
管工場のシンボルである煙突、煉瓦造り
の窯、太い梁と柱を用いた建屋の小屋組
みなど、建築物としての価値が高く、国の
登録有形文化財・近代化産業遺産となっ
ている。

　やきものは割れたり、欠けたりしなけれ
ば、変わらない品質を保ち続ける。しかし、
長期間使用される土管には、とりわけ強度
と耐久性、連結を可能にする正確な規格
が求められる。常滑焼の土管は、明治時
代、神奈川・横浜の外国人居留地に埋設
する下水管に使用されたが、当初は、手工
業で品質も悪くもろい部分もあった。試行
錯誤の末、機械化を進め品質に優れる堅
牢な土管が製造されるようになり、長三郎
は、この機械化や品質管理を推進した。

　常滑焼の土管は、疫病対策や、鉄道網
の拡大、上下水道などのインフラ整備、
米などの増産を促した暗渠排水など、日
本が近代化する中で盛んに用いられ、知
多半島の海運を通じて全国にも普及して
いった。平安時代末期から始まる常滑焼
は、明治時代に産業製品としての土管製
造に進化し、地場産業として栄えていった。

フェルメール「牛乳を注ぐ女」
細部まで克明に描かれた背景。幅木にはオランダタイル
が使われている©Rijksmuseum, Amsterdam

上記の幅木タイルと同じ"子供の遊び" モチーフの
オランダタイル (写真提供：INAX ライブミュージアム)

世界のタイル博物館
～衛生意識の高まりと
住生活を彩るタイル～

　1991 (平成3) 年、タイル研究家の山本正
之氏から約6000点のタイルコレクション
が常滑市に寄贈されたことから世界のタイ
ル博物館は始まる。山本氏が50年間にわ
たり、シルクロードなど世界を歩いて集め
た貴重なコレクションの調査分析をINAX
が請け負い、その過程で、建設が具体化
し、自社保有のコレクションと共に、1997
(平成9) 年に博物館として公開された。

　見学者の理解が進み、記憶に残るよう、
その後の改修で、地域の文化、科学的裏

粘土釘によって神域の壁面に施された幾何学模様を再現した展示空間 (写真提供：INAX ライブミュージアム)

付け、使用されたシーンの紹介や、英語の解説も加えられた。フェルメールの代表的な絵画「牛乳を注ぐ女」の写真と共に、絵に描かれた幅木のタイルと同じモチーフの絵付けタイルなども展示されている。

ここには最も古いタイルと考えられている、紀元前2650年ごろに完成した古代エジプトピラミッドの地下通廊の壁を飾った青色のタイルが復元されている。さらに古く紀元前3500年ごろ、メソポタミアの神域の壁の装飾に用いられた円すい形のやきもの (粘土釘、クレイペグ) も復元展示されている。それらのやきものの製法や成分を調査、分析することによって、当時に近い形で再現し、臨場感あふれる空間として展示したところに、ものづくり企業としての姿勢が見受けられる。

2022 年は、日本で壁や床を覆うやきものの板が「タイル」という名称に統一されて100年。記念開催の巡回展「日本のタイル100年──美と用のあゆみ」は、初めて他館と共同企画した。日本におけるタイルの軌跡をたどるだけではなく、3D プリンター製の立体的なタイルなど、クリエーターとのコラボレーションによって未来への可能性を示した。

フランク・ロイド・ライトとの出会いと建築陶器のはじまり館

2012 (平成24) 年に、最も新しくオープンした建築陶器のはじまり館には、米国の建築家フランク・ロイド・ライト設計の「帝国

ホテル旧本館」の食堂の柱（所蔵:博物館明治村）が展示されている。明治・大正時代における近代建築の装飾性の高い特殊煉瓦の代表作である。実は、帝国ホテル旧本館の誕生には、長三郎が深く関わっている。その経緯は、「黄色い煉瓦～フランク・ロイド・ライトを騙した男～」というNHKの地域発のドラマにも描かれている。

1923（大正12）年に完成した帝国ホテル旧本館は「鉄筋コンクリート造りおよび煉瓦コンクリート造り」という構造。ライトの建築物の特徴である、複雑で独創性、芸術性に富む幾何学模様を"黄色い煉瓦"で織り成したいというこだわりを実現すること、そして輸入品が高価な時代において、資材を国内で調達するという課題が帝国ホテルに課せられていた。当時は赤い煉瓦が主流の時代。黄色い色味の煉瓦は珍しく、製造できる職人も限られていた。そんな状況の中、常滑の陶工の久田吉之助（ひさだきちのすけ）に黄色い煉瓦の製造が託されたが、吉之助は完成を見ず病没したため、帝国ホ

テルは、常滑に直営工場（「帝国ホテル煉瓦製作所」）を設立した。そこで長三郎と父の初之烝（のじょう）は黄色い煉瓦の製造に挑戦することとなる。

ライトの求めにかなう煉瓦が無事納材された後、長三郎は、役割を終えた帝国ホテル煉瓦製作所の従業員と設備を、自らの土管工場（伊奈初之烝工場）に譲り受けた。そして大型のやきものを得意とした常滑焼の技術を生かし、日本の近代化に欠かすことのできない建築資材の土管やタイルの製造を本格的に開始、1924（大正13）年、伊奈製陶を興した。

建築陶器のはじまり館に併設される「テラコッタパーク」には、「横浜松坂屋本館」のテラコッタ（高さ4.5メートル×幅1.8メートル）や、「大阪ビル一号館」の鬼面や獣面の装飾など、大正・昭和の名作テラコッタが15作品、屋外展示されている。いずれも建て替えの際に、芸術性の高さ故に保存され、建築文化を後世に伝えるべく譲り受けたものだ。

このINAXライブミュージアムには来場者が実際に触れることで土・やきものの魅力を体験・体感できる場所が二つある。楽しみながらやきものに触れる機会を提供する場として、同館のコンテンツの中でも特に力が入れられている。一つは、やきものの原料である"土"の魅力を、土をふんだんに使った建築と、土に触れるワークショップという、ハードとソフトの両面で伝える土・どろんこ館。

もう一つが、モザイクアートや絵付けなど、タイルを使った"ものづくり"が楽しめ

帝国ホテル 旧本館 食堂の柱（写真提供：INAX ライブミュージアム）

大阪ビル一号館の鬼面・獣面のテラコッタ（写真提供：INAX ライブミュージアム）

る陶楽工房だ。形や色、質感など種類豊富なタイルの中から好みのタイルを選んでタイルアート作品を作ることができる。これらの体験教室は、大人から子供まで、興味・関心が持てるコンテンツを通じて、LIXIL という企業との良い出会いや、楽しい思い出を創出し、企業ブランドのファンづくりにも寄与している。

やきもの工房
〜貴重な建造物のタイル調査・復原も〜

INAX ライブミュージアムは、展示・体験のほかにも、やきもの技術の伝承や、新しいものづくりへの挑戦を行う施設を有している。やきもの工房では、過去の建築に用いられたタイルやテラコッタを復原・再生することや、クリエーターとのコラボレーションなど、技術を次の世代へ伝え、未来のやきものの可能性を探る活動を担っている。

イタリアモダンデザインの父といわれる

デザイナー、ジオ・ポンティの聖フランチェスコ教会（イタリア・ミラノ）のタイルや、日本の近代建築の父といわれる辰野金吾設計の国指定重要文化財・東京駅丸ノ内本屋の赤煉瓦タイル、阪神・淡路大震災で大きな被害を受けた武田五一設計の芝川又右衛門邸にあった、暖炉周りのヴィクトリアンタイル、トイレ床、ベランダ腰壁など、建築を彩った多様なタイルの復原に関与し、貴重な建築文化の保存に貢献する。また、建築家やデザイナーとのコラボレーションにより、斬新で先進的なやきものづくりを目指し、日々活動している。

「企業は社会の公器である」

10月10日は、常滑市が制定する「陶と灯の日」。INAX 創業者の長三郎の命日でもある。長三郎は、4町1村の合併で1954（昭和29）年に誕生した常滑市の初代市長も務め、多数の保有株を常滑市・常滑焼の発展のための基金（常滑市陶業陶芸振興事

業基金）に献じた。その偉業をたたえ、常滑陶業の歴史を振り返り、先人たちの功績を敬い、次世代に伝統文化を引き継いでいきたいとのことから記念日が制定された。基金は、「とこなめ陶の森 陶芸研究所」、陶芸家の育成事業など、陶業と陶芸の発展のために60年以上も活用されている。

INAXライブミュージアムでは、同社のやきもの技術のバックボーンであり、創業の地でもある常滑市に貢献すべく、さまざまな支援活動を行っている。2022年1月の常滑市新市庁舎開庁に際しては、市民参加型ワークショップでやきものの街を象徴するスクラッチタイル制作をサポート、また毎年「陶と灯の日」のイベント会場としてミュージアムを提供するなど、人と人、企業とコミュニティをつなぐ、開かれた存在となるべく、強く地域と連携している。

「企業は社会の公器である」という創業者の思いが、社会貢献を意識した活動を実践するこのミュージアムを通して、現在も後代を担う人々に受け継がれている。

2019年「陶と灯の日」イベント（写真提供：INAXライブミュージアム）

「手当て」の文化を世界へ伝える

久光製薬ミュージアム

所在地：佐賀県鳥栖市　運営：久光製薬株式会社　オープン：2019年

082

造形の詩人ボナノッテ氏が手掛けた企業ミュージアム

　「久光製薬ミュージアム」は、2019 (平成31) 年、佐賀県鳥栖市に創業170周年の記念事業の一環として設立された。鎮痛消炎貼付剤のサロンパスで有名な久光製薬

久光製薬ミュージアム外観 (写真提供：久光製薬)

は、創業の地、佐賀県鳥栖市に九州本社を、東京都千代田区に東京本社を置いている。このミュージアムは、その九州本社の敷地内にある。創業者から引き継がれてきた経営哲学や理念を社員に継承するため、創業170年となる2017 (平成29) 年にその建設が計画された。

　ミュージアムという名前が付いてはいるが、もともと社員の研修施設として設立されたため、ほかの企業ミュージアムのようなウェブサイトやパンフレットはない。ミュージアム単独での一般公開はしていないが、すぐ横にはサロンパスの工場もあり、工場見学に来た団体訪問者などの希望に応じて見学を受け入れている。

　地上2階建てのこのミュージアムは、総床面積688平方メートル、展示物が約90点と決して規模は大きくない。だが、その端正な建物は「具象彫刻の奇才」「造形の詩人」と呼ばれるイタリアの彫刻家チェッコ・ボナノッテ氏が基本デザインを構想したものである。モダンでシンプルながらも個性的なそのデザインは、このミュージアムが室内の展示物からだけではなく、外観からもメッセージを発しているのが分かる。

　鳥栖市にはもう一つ、久光製薬が設立したミュージアムがある。創業145周年記念事業として開館した中冨記念くすり博物館で、田代 (江戸時代の鳥栖市東部の地名) をはじめとする国内外の「くすり」の歴史を後世の人々に伝えるために設立された。後に公益財団法人中冨記念財団が設立され、その運営は財団に移管されることになったが、この中冨記念くすり博物館の基本デザ

インもボナノッテ氏によるものである。

　久光製薬ミュージアムは同社の九州本部総務部が管理する施設となっている。今回は、執行役員BU本部九州本社総務部長の矢野 栄 氏と、同部総務課の佐々木萌氏にご案内いただいた。

柳行李が伝える創業者の精神

　1階には、創業者の久光仁平から6代目となる現在の社長の中冨一榮氏まで歴代経営者の残した言葉、開発した製品などを展示、映像と併せて紹介している。2階には研修ルームがあるほか、ボナノッテ氏の

彫刻やデッサンなどの作品が展示されている。

　展示室に入ってまず目を引くのは柳行李である。ミュージアム設立のプロジェクトを担当した矢野氏は、「柳行李を背負って日向（宮崎）方面まで薬を売りに行った初代に始まり、代々の経営者がどんな思いでこれまで歩んできたのかをこのミュージアムでは伝えています。私たちが迷ったときに立ち返り、士気を高めることができるようにと、このミュージアムが設立されました」と設立の経緯を語る。この柳行李は創業者の精神に思いをはせるための象徴的な

上：1階展示室（写真提供：久光製薬）
下：社員研修（写真提供：久光製薬）

柳行李（筆者撮影）

オブジェなのである。

　佐々木氏によると、ミュージアムは新入社員、入社5年目の社員、管理職の研修にも使われているが、来館後は「業務に対するモチベーションが上がった」「会社への誇り・先輩たちに対する尊敬の思いが強まった」など、さまざまな感想が届くという。

　2019年に設立され、すぐに新型コロナウイルス感染症の感染拡大があったため、2020（令和2）年、2021（令和3）年には入場を制限せざるを得ない状況が続いてきた。それでもオープンしてからコロナ禍前の2020年2月までに、一般公開していないにもかかわらず、延べ5000人が訪れたという。久光製薬では九州本社で株主総会を行っているため、2019年のコロナ禍前には、株主の見学会も実施されていた。

創業の地、鳥栖

　このミュージアムが建つ鳥栖市東部は、江戸時代、地名を田代と呼ばれ、1599（慶長4）年に対馬藩（現在の長崎県対馬市）田代領となった。福岡県との県境にあるこの田代は、久光製薬とは切っても切れない関係にある。久光製薬の成り立ちは1847（弘化4）年にこの田代で創業した配置売薬業者の「小松屋」が原点である。

日本の四大売薬の拠点

　「富山の薬売り」は有名であるが、田代は、富山・大和（奈良）・近江（滋賀）と並ぶ「日本の四大売薬」の発祥の地であった。重さが20キログラムもあったという柳行李を背負った「売薬さん」と呼ばれる薬売

創業の地、鳥栖

りが各家庭に薬を預けて帰り、半年から1年後に再び訪問して、預け置いた間に用いられた薬代を集金するというシステムが配置売薬である。田代は長崎街道の起点で宿場があり、蘭学が盛んであった長崎から西洋の薬が入りやすく、配置売薬業が盛んになった。

　明治時代になると、九州一円のほか、四国にも販売ルートが伸び、配置売薬の本拠地として栄えた。最盛期には、田代からおよそ500人の薬売りが全国へ出掛けた。久光製薬の創業者久光仁平は、そんな田代売薬の一業者としてビジネスをスタートしたのであった。

田代から生まれた貼り薬

　明治時代に入ると、小松屋2代目の久光与市（よいち）は、屋号を久光常英堂と改め、1869（明治2）年に健胃消毒剤「奇神丹（きしんたん）」を生み出した。1894（明治27）年に勃発した日清戦争、そしてその後の日露戦争でも奇神丹は軍用薬に指定された。1903（明治36）年、3代目の久光三郎（さぶろう）（後に久留米藩士族中冨氏と養子縁組し中冨三郎となる）が久光兄弟合名会社として法人化し、奇神丹を関西地

方の問屋にも販売するようになった。

その後1907（明治40）年、ごま油に鉛丹を混ぜ合わせたものを和紙に延ばした延べ膏薬「朝日万金膏」の販売を開始した。田代売薬の主力商品の一つが「貼り薬」であるが、中でも「朝日万金膏」は、大正時代の「スペインかぜ」（スペインインフルエンザ）流行の際、高熱による関節痛を和らげる効能が評判になり、注文が殺到した。「内服薬は越中さん、外用薬は田代売薬人」といわれるほどになり、貼り薬に強みを持つ「田代売薬」が確立され、全国に販路を拡大するきっかけになった。

サロンパスの誕生

一方で朝日万金膏は、黒色で独特のにおいがあり、剥がした後に皮膚に黒く痕が残るという難点があった。しかし、その欠点を改善すべく、研究により製造方法が改良され、真っ白で爽やかな香りがする「サロンパス」が、1934（昭和9）年に誕生することとなった。

その後、海外での現地生産、多くの国への輸出と飛躍的に発展し、今では世界100

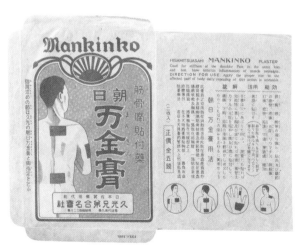

朝日万金膏（写真提供：久光製薬）

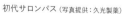
初代サロンパス（写真提供：久光製薬）

ミュージアムのデザインは「自由に羽ばたく鳥」がモチーフとなっている（写真提供：久光製薬）

カ国以上で商標登録され、OTC医薬品市場の鎮痛消炎貼付剤カテゴリーで2016（平成28）年から7年連続で世界販売シェア1位となっている（ユーロモニターインターナショナル社調査）。

鳥栖から世界に羽ばたく

このミュージアムには建物全体、庭の隅々にまで久光製薬が大切にする思いが込められている。5代目社長の中冨博隆氏（ひろたか）は、ある美術館で遭遇したボナノッテ氏の作品にインスピレーションを受けたというが、建物のデザインをボナノッテ氏に依頼したのはただ単に意匠性を追求するためだけではなく、思想的に共鳴したからなのである。

ボナノッテ氏には鳥をテーマにした作品が多い。人間には多くの制約があるが、鳥は自由に空を飛べる。このミュージアムも「既成の枠から飛び出し、自由に羽ばたく鳥」をモチーフにしたデザインとなっている。地上から、柱の支えなしにガラスの箱を浮かせたインパクトのあるデザインも、現状に満足せず、常に未来へと期待を抱いて大きく羽ばたこうとする鳥の飛翔する姿に重ねたのだという。創業200周年に向けたさらなる飛躍を目指す企業マインドを建築自体が表現している。

細部に宿る企業姿勢

このミュージアムは建物自体も"展示物"であり、入り口横の芝生の上には美術館などでよく見かけるキャプションプレートが置かれている。そこには「HISAMITSU MUSEUM 2019 CECCO BONANOTTE」と刻まれている。また庭には、所々にボナノッテ氏の彫刻が展示され、企業ミュージアムでありながら、文化・芸術の発信地としての役割も果たしている。

エントランスでは、敷地内に根を下ろし

ていた榎（えのき）の古木を利用したカウンターが
出迎えてくれる。朽ちて倒木の恐れがあ
るとして伐採したところ、偶然にも樹齢が
170年であったことが分かったという。木
片を積み木のように重ねたデザインで、そ
の歴史が表現されている。創業時から久
光製薬を見守ってくれた榎と、これからも
寄り添っていきたいという思いでカウン

ターが制作された。

　ちなみにこのミュージアムは、佐賀県で
初めて、九州では2番目となる「ZEB（ゼブ、
Net Zero Energy Building）」の認証を取得した。
エネルギー負荷を抑制したり、自然エネル
ギーを積極的に活用したりすることで、省
エネルギー、創エネルギーに優れた施設に
なっている。細部にわたって企業姿勢を徹

左：キャプションプレート（写真提供：久光製薬）　　右：榎の古木を利用したカウンター（筆者撮影）

慰霊碑（写真提供：久光製薬）

左：ブルーライトアップされたミュージアム　右：レッドライトアップされたミュージアム（写真提供：久光製薬）

底して表すミュージアムとなっている。

地元鳥栖、そして社員への思い

　久光製薬は佐賀県と東京都の2本社制をとっているが、登記上の本店はいまだに佐賀県鳥栖市にある。地方の小さな一企業から「世界ブランドの久光製薬」となったのは、長い歴史の中で佐賀県鳥栖市をはじめとする地元の人々の助けがあったからこそと考えている。地元に恩返しをしたいという思いから、これまで久光製薬はさまざまな地域交流に努めてきた。久光製薬ミュージアムの庭で開催される、地元関係者や茶道愛好家を迎えての野だての「お茶会」もその交流の一環である。

　そして従業員への感謝の気持ちも忘れられていない。ミュージアムの敷地には、慰霊碑がある。退職後、あるいは在職中に亡くなった従業員を慰霊するためのものである。今日の久光製薬があるのは、彼らの存在があったからであり、感謝の気持ちを込めて毎年管理職がここで祈りをささげる。

　この感謝の気持ちは、時に医療従事者に対しても発信される。久光製薬ミュージ

アムでは、新型コロナウイルス感染症に立ち向かう医療従事者への感謝の気持ちを表現するため「ブルーライトアップ」の取り組みに参加した。また5月の赤十字運動月間には「レッドライトアッププロジェクト」に参加し、日本赤十字社が掲げる「人道」の大切さを多くの人に知ってもらう活動を行っている。

「手当て」の文化を世界へ

　1907年の「朝日万金膏」発売以来、サロンパスに代表される鎮痛消炎貼付剤は、「貼る」ことで痛みやコリを治療する医薬品として、多くの人々に愛用されてきた。久光製薬が大事にしているのは、「手当て」の文化である。「手当て」に込められているのは、手当てされる人への思いやり。それが「貼る」の原点であり、創業以来大切にしてきた、いたわりの治療文化である。久光製薬ミュージアムは、地元や社員、医療従事者への感謝の思いを伝えながら、この「手当て」の文化を社員に継承し、今後も企業マインドを象徴する建物としてその美しい姿を世界に示していくであろう。

日本近代科学の源流がここに

島津製作所 創業記念資料館

所在地:京都府京都市　**運営**:株式会社島津製作所　**オープン**:1975年

日本という文字が
デザインされた
ステンドグラス
（写真提供：島津製作所）

島津製作所 創業記念資料館外観（写真提供：島津製作所）

　京都市営地下鉄の京都市役所前駅を出
て、鴨川方面へ。その手前で鴨川と並行し
て流れる高瀬川沿いを流れと逆方向に歩
いていくと、川の源流付近に見えてくる木
造2階建て・桟瓦ぶきの町屋形式の建物
が、今回ご紹介する「島津製作所 創業記
念資料館」である。創業当時のたたずまい
が色濃く残る建物は、1999（平成11）年に国
の登録有形文化財に指定、また2007（平成
19）年には、経済産業省の近代化産業遺産
にも認定されている。洋風窓を取り入れた
り、ステンドグラスを施したりといった和洋
折衷な点も、来館者アンケートや旅行情報
サイトなどで高い評価を受けている。

　創業者である初代島津源蔵とその長男
の2代目島津源蔵（幼名は梅治郎であったが、父
の死をうけ2代目源蔵を襲名）が本店兼住居とし
て使用した建物が、島津製作所創業100
周年を記念し、1975（昭和50）年、島津製作
所 創業記念資料館として生まれ変わった。
資料館内には、創業以来、製造・販売さ
れてきた理化学器械、医療用エックス線装
置や産業機器をはじめ歴史的な文献・資
料など約1万1000点が収蔵されている。

　今回取材に対応いただいた島津製作所

創業記念資料館の副館長の川勝美早子氏によると、2002（平成14）年の研究員の田中耕一氏（現エグゼクティブ・リサーチフェロー）のノーベル化学賞受賞を契機に、国内外からの一般来館者が増えたそうだ。その後のリニューアルで島津製作所の歩みだけではなく、京都の近代化の歴史、日本の産業史も紹介するようになり、さらに近代化産業遺産に注目が集まり始めた時代の流れも影響し、年々来館者数が増えていった。コロナ禍前は年間約1万6000人が来館していた。

創業者の思いを継承する地

島津製作所は、分析・計測機器、医用機器、産業機器、航空機器を中心に幅広い分野で事業を展開するグローバルカンパニーである。1875（明治8）、仏具職人であった創業者の初代源蔵が「資源の乏しい日本が進むべき道は、科学立国である」との理想を掲げ、理化学器械の製造を始めたことから同社の歩みが始まった。

初代源蔵は、器械製造だけではなく、科学雑誌の発行や科学教育啓発のための講習会を開くなど、さまざまな人々との関係を築きながら科学技術の研さん・啓発に努めた人物でもある。その後、初代源蔵の長男である2代目源蔵が遺志を継ぎ、エックス線装置や蓄電池の開発など、次々とイノベーションを起こしていった。2代目源蔵は日本のエジソンと称され、1930（昭和5）年に「日本の十大発明家」に選ばれるなど、科学・産業技術の発展に大きく貢献した。

資料館の設立には、当時の社長が、2代目源蔵と共に仕事をしていた社員がいなくなったことに危機感を感じ、2人の源蔵の思いや歴史的資料を次世代の社員にも継承していくため、という意図もあったそうだ。なお創業者の精神は、社是『科学技術で社会に貢献する』、経営理念『「人と地球の健康」への願いを実現する』といった形で現在も受け継がれている。

自由な視点で楽しめる展示の工夫

エントランスでは、ふんわりとしたお香の良い香りに迎え入れられる。来館者に落ち着いた気分になってもらいたいという思いから、おもてなしの一環としてお香をたいているそうだ。

「ようこそ創業の地へ」と題されたエントランスの展示を進めると、ひときわ存在感を放っているのが、1918（大正7）年に発売した医療用エックス線装置「ダイアナ号」である。レントゲン博士がエックス線を発見した翌年の1896（明治29）年に、2代目源蔵らが第三高等学校（現京都大学）の教授らと共にエックス線写真の撮影に成功しており、1909（明治42）年には国産初の医療用エックス線装置を開発。輸入品が大半を占めていた時代に、「ダイアナ号」は個人病院へのエックス線装置導入の先駆けとなり、国産のエックス線装置全体の地位向上に大きく貢献した、いわば日本の近代化における医用機器の端緒を象徴する展示物と言える。

また、2代目源蔵が掲げた「事業の邪魔になる人」と題された訓語の展示にも注目

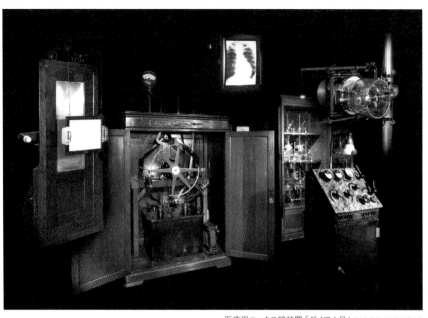

医療用エックス線装置「ダイアナ号」(写真提供：島津製作所)

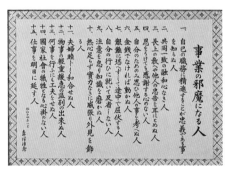

訓語「事業の邪魔になる人」(写真提供：島津製作所)

したい。自らの体験や苦労などを基にした15の訓戒からは、自分にも他人にも厳しい2代目源蔵の人柄が見て取れる。「何事を行ふにも工夫をせぬ人」「仕事を明日に延す人」など、80年以上を経た今でも共感できる内容になっており、多くの来館者が思わず足を止めて見入ってしまうそうだ。

2階の展示スペースでは、島津製作所の事業の歩みに沿って、理化学器械、鉱石標本、産業機器などが展示されている。川勝氏は、「これらの器械は、島津製作所の科学的な思考の所産であるだけではなく、理科教育史的な視点から、あるいは造形的な視点からも関心を持ってもらえるような展示を心掛けています」と展示の工夫について語ってくれた。

ずらっと整列した、美術品や骨とう品と見まがうような理化学器械の数々。展示の仕方で着目したいのが、それぞれのキャプションは製品名のみで、詳細な説明が書かれていない点。難しい製品イコール身近ではない会社、と受け止められてしまわないようにするため、展示での説明は極力シンプルにした。おのおのの視点から自由に見てもらうための工夫である。これによ

理化学器械などの展示コーナー（写真提供：島津製作所）

り、苦手意識を持つことなく、気になる製品についてはスマートフォンで調べたり、機能美を楽しんだりと、多様な楽しみ方ができる。

2代目源蔵の才能を物語る展示が、

1884（明治17）年、わずか15歳の時に日本でいち早く、たった一枚の挿絵を基に完成させた、ウイムシャースト式感応起電機（静電誘導を利用して高電圧を発生させる装置）である。後にエックス線写真撮影の電源にも活

Fig. 708.

ウイムシャースト式感応起電機（左）と2代目源蔵が参考にした挿絵（右）（写真提供：島津製作所）

用され、島津製作所の多様な事業展開につながるきっかけにもなった。

京都における
マネキン製造の源流でもあった

　特に意外性を感じたのは、島津製作所

島津マネキン (写真提供：島津製作所)

にはかつて標本部と呼ばれる部署が存在し、マネキンを製造していた時代があったこと。1895 (明治28) 年に標本部を新設、植物模型や、鉱石標本、人体模型を手掛けるようになり、洋服の需要が高まった時代には、人体模型製作技術を応用し、自社でマネキンの製造を始めたそうだ。高い芸術性や技術力を兼ね備えた島津マネキンは、最盛期には国内市場の85%以上を占有する一大ブランドとなった。現在、マネキン製造は他企業に引き継がれているが、多くのマネキンメーカーが現存する京都、その源流は島津製作所にあったのだ。

製品やパンフレットに見る科学の進歩

　最後の展示室では、現在の主力製品である分析・計測機器をはじめとした製品や、発売当時のパンフレットの数々が、壁一面に展示されており、日本の近代工業

近代工業化に対応した製品開発の歴史が分かる展示 (写真提供：島津製作所)

実験ラボ（写真提供：島津製作所）

化に対応した製品開発の歴史が一望できるようになっている。「昔、この製品を使って研究した、懐かしい」など、来館者同士の会話が弾む場所にもなっているそうだ。

大人も子供も夢中になれる実験ラボ

また、科学の不思議を体感できる「実験ラボ」は子供だけではなく大人にも人気を博している。衝突の原理や映画の仕組みが分かる実験を通して、源蔵父子の思いでもある、科学的な視点で物事を考える重要性を具現化している。低学年用、高学年用と対象別にワークシートを準備し、答え合わせをして記念品を贈呈するという、訪れた子供が楽しめるような工夫もあり、夏休みや冬休みには子供連れの家族も多く来館するそうだ。

ファンづくりの拠点として

島津製作所 創業記念資料館は同社にとってどのような存在意義があるのだろうか？ 同じく今回の取材に協力いただいた島津製作所コーポレート・コミュニケーション部広報グループの小島周子氏（こじまちかこ）に話を伺った。「来館者の6割に当たる取引先などのお客さまは、今の島津製作所の製品や取り組みを知ってくださっていても礎についてはご存じない方もいらっしゃいます。また、一般のお客さまにとって島津製作所の製品は家庭で使用するものではありませんから、身近に感じてもらえません。この資料館で、難しい技術の話ではなく、社会に貢献してきた歴史を知っていただき、島津製作所の姿勢に共感していただけるとありがたいと思っています」

川勝氏は、「島津製作所の歴史を通して、お客さまの興味や関心を引き出せた時に、距離がぐっと近くなったという手応えを感じます」と日々のお客さまの印象を語った。京都が地元の人でも、島津製作所の名前は知っていても、実際にどんなことをしている会社か知らない人も多いそうだ。

海外・未来にも受け継がれるDNA

海外拠点も多く持つ島津製作所。創業者の思いを現地社員へも伝えるため、資料館では、海外拠点とオンラインで結んだ見学会を開催したり、海外で理化学器械を収蔵する施設と連携して研究や展示なども行っている。「源蔵父子のモノづくりに対する情報に触発された」「実際に資料館を訪問したい」などといった感想が寄せられ、現地社員のモチベーション向上に寄与している。

また、次世代の科学する心を育てる活動として、小・中学校、高校へ赴き、昔の理化学器械を使ったワークショップを実施し

高校生向けワークショップ（写真提供：島津製作所）

ている。こうした活動からも、理化学器械のカタログや科学雑誌の発行などを通して、科学技術の啓発に尽力していた初代源蔵の思いが受け継がれていると感じた。

取材を終えて

　資料館の入り口部分には、創業者・初代源蔵の胸像と共に「源遠流長（げんえんりゅうちょう）」と刻まれた碑が立っている。中国の故事成語で、「今や、創業からは遠くなったが、今後も事業が川の流れのように末広がりに発展するように」との願いが込められているそうだ。資料館を訪ね、島津製作所の源流部分で、数々の製品やそれにまつわるストーリーに触れ、まさに末広がりに発展していく過程を体感することができた。

初代源蔵の胸像と
「源遠流長」と刻まれた碑
（写真提供：島津製作所）

「どうしても親切が第一」という理念

TOTOミュージアム

所在地：福岡県北九州市　　**運営**：TOTO株式会社　　**オープン**：2015年

「TOTO ミュージアム」はTOTO の創立の地である北九州市の小倉第一工場の一角にある。創立100周年の記念事業の一環として2015（平成27）年8月にオープンした。TOTO は「東洋陶器株式会社」という名称で1917（大正6）年に創立。小倉の工

TOTO ミュージアム外観（写真提供：TOTO）

場もその時に建設された。

大地を潤す水

ミュージアムは2棟の「陶器」をイメージした白い建物から成る。正面左手の湾曲した建物のデザインは、「水滴」を表している。TOTO は腰掛式水洗便器の開発を原点とし、水まわりに関わる事業を展開してきたので、「水滴」をデザインモチーフにしている。

右手の4階建ての建物は「緑豊かな大地」を表している。TOTO は、これからも地球環境のことを考えていかなくてはならないという想いから、「大地」をもう一つのデザインモチーフにした。全体としては、「大地を潤す水」を表し、TOTO が水まわりの事業を通して地球の豊かな環境づくりに貢献したい、というメッセージを表現している。

「環境アイテム100」を導入

実際、このTOTO ミュージアムには、環境に配慮した工夫がされている。水、熱、電力、素材、緑、長もち、空気の七つのカテゴリーで最新の技術と知恵を活用した、100個の環境への配慮「環境アイテム100」が導入されている。100周年にちなんだ「環境アイテム100」では、トイレや照明、壁や植物など、TOTO の環境へのビジョンを、言葉だけではなく建物全体で実践しているのである。ちなみに、この建物は2017（平成29）年に国内の優れた建築物を表彰する「BCS賞」を受賞した。

毎朝9時に始まる朝礼。お辞儀のトレーニングなどがローテーションで実施される（筆者撮影）

徹底して実践されるおもてなし

　ミュージアムの1階はショールームで、2階が展示室となっている。エスカレーターで2階に上がったところのスペースでは、開館の1時間前に毎朝スタッフが集まり、朝礼が行われる。この朝礼ではお客様へのおもてなしを徹底するため、お辞儀、英会話、手話などのトレーニングがローテーションで行われている。ちょうどこの日はお辞儀のトレーニングが行われていた。

　「15度でおはようございます、いち、に、さん」
　「30度でよろしくお願いいたします、いち、に、さん、し」
　「45度でありがとうございました、いち、に、さん、し、ご」

　お客様対応をするガイドをはじめスタッフ全員が実際にお辞儀をしながら、場面ごとに使われるお辞儀の角度と屈体にかける秒数を確認していた。

　日本において、お辞儀は重要な非言語的コミュニケーションであるが、このミュージアムでは、定期的にそのコミュニケーションがきちんと実行されるよう確認しているのである。そして10時の開館までに、来訪者の見学が滞りなく行われるよう、その日のスケジュールなど連絡事項が伝えられる。

　TOTOミュージアムは観光ガイドブックにも掲載されるおすすめの観光スポットになっている。オンライン口コミサイト「トリップアドバイザー」でも、北九州の観光施設の中で常に上位にランクインする人気の施設である。観光客に加え、工務店などの取引先の見学、国内外の社員の研修、地元の小学生や修学旅行生の社会科教育など、さまざまな来訪者と目的に合わせて、ガイドの内容は細やかに調整される。

　ここでは「おもてなしの心をもって世界中にTOTOファンを創出し拡大する」とい

うミュージアムの接客理念の下、来場者だけではなく、社員の声も反映し、常にサービスの改善に取り組んでいる。

バーチャルミュージアムもスタート

　TOTOミュージアムには、コロナ禍前の2019（令和元）年は年間約6万5000人が来館し、2023（令和5）年5月時点で累計45万人を突破した。2021（令和3）年はコロナ禍ということもあり、3万1000人にとどまっているが、同年5月から「オンライン見学」を開始。また、2022（令和4）年6月には「バーチャルミュージアム」をオープンした。バーチャルミュージアムは、実際の建物内部が3Dスキャンされているため、より臨場感を得られるようになっている。移動などの操作も簡単なため、ストレスなくいつでもお茶の間から見学できる。

　コロナ禍前は外国人の来訪者も多く、

音声ガイドペン（写真提供：TOTO）

2019年4月には、多言語の音声ガイドペンによる展示解説のサービスを開始。日本語、英語、簡体字、繁体字、韓国語の5言語に対応し、さらに子供向け（日本語のみ）の音声も用意されている。専用のマップの特定の場所をペンで触れると、音声によるガイドを聞くことができるようになっている。

TOTOのルーツ

　TOTOミュージアムには三つの常設展示室がある。第1展示室ではTOTOの歴史と、創立から約50年にわたり、TOTOを支えてきた食器が展示されている。TOTOのルーツは森村組という貿易商社にある。創立者の大倉和親は、大学卒業後に森村組に入社したが、その頃、森村組の経営に参画していた和親の父・孫兵衛が、白色硬質磁器の国産化を目指しており、和親と共に欧州を視察。和親は「日本にもいずれは衛生陶器（浴槽、流し、便器、洗面器など）の時代が来る」と確信した。

　和親は技術者ではなかったが、当時すべて輸入に頼っていた衛生陶器の国産化に情熱を持って取り組み、名古屋で森村組が設立した日本陶器合名会社（現ノリタケカンパニーリミテド）内の組織として、1912（明治45）年に私財を投じて製陶研究所を開設。まだ下水道も十分に整備されておらず、国産の腰掛式水洗便器が日本に存在していなかった時代の話である。1900年代初頭から外国製の衛生陶器が輸入されてはいたが、一般には普及していなかった。

国産初の腰掛式水洗便器（復元）（写真提供：TOTO）

ほとんど整っていないため、衛生陶器の注文は入らず、それまで日本陶器合名会社が培ってきた食器製造で経営を支えながら、衛生陶器の需要が増えるのを待つ状況が続いた。

しかし、関東大震災後や第二次世界大戦後の建て替え特需や急激な近代化に伴い、日本の住環境は大きく変化し、水まわり機器の需要も拡大した。また、水まわりを機器だけではなく空間の視点でも捉えるようになり、現在ではTOTOは国内トップクラス、そして、世界各国でも信頼される住宅設備機器の総合メーカーへと飛躍した。

「TOTOのこころざし」

第2展示室では、日本の水まわりの文化と歴史、TOTOの礎を築いた先人の想い、TOTOがこれまで作り出した水まわり商

1914（大正3）年に国産初の腰掛式水洗便器の開発に成功。1917年に現在のTOTOである「東洋陶器株式会社」を創立した。創立当時は生産面、販売面ともに順調ではなかった。下水道などのインフラが

先人の言葉

どうしても親切が第一
奉仕観念を以而
仕事をお進め下され度
良品の供給、需要家の満足が
掴むべき実体です。
此の実体を握り得れば
利益・報酬として影が映ります。
利益という影を追う人が
世の中には多いもので
一生実体を捕らえずして
終わります。

初代社長の大倉和親から2代目社長に送られた書簡（画像提供：TOTO）

品の変遷を紹介している。代表的な衛生陶器などを、時代ごとの進化が分かるように、その当時放映されていたテレビ広告などと共に展示している。入ってすぐの場所にある「TOTOのこころざし」という一角には、初代社長の大倉和親から2代目社長に送られた書簡が展示されている。

　「どうしても親切が第一」「良品の供給、需要家の満足が掴むべき実体です。此の実体を握り得れば、結果として報酬という影が映ります」という考えが記されている。「どうしても」という部分に特に強い想いが感じられる。100年たっても色あせない、心に響く言葉である。この初代社長の言葉はTOTOの経営理念の根幹であり、揺らぐものではない。代々の社長が大切にしてきたこの理念は、ミュージアムを含め、全社で大切にされている。

展示物が語りかけるストーリー

　第2展示室をさらに進むと、1964（昭和39）年にホテルニューオータニへ納入した日本初（JIS規定による）のユニットバスルームが展示されている。

　1964年の東京オリンピック開催に向け、東京ではホテルが次々と建設された。ホテルニューオータニも訪日外国人を受け入れる宿泊先として、東京都から建築を要請された。建設を請け負った大成建設からTOTOに浴室の開発の打診があったのは1963（昭和38）年5月ごろ。工期はオリンピックまでの1年半という異例の短さであった。

　17階建て、客室1058室という国内初

日本初のユニットバスについて説明するTOTO広報部の宮副琢氏（筆者撮影）

の超高層ホテルでありながら、本来なら3年かかるといわれる工期も17カ月と半分未満、さらにオリンピックに向けた建設ラッシュで人手不足という厳しい状況下、それまでの在来工法によるバスルームでは間に合わない。その時間不足を解消するために生まれたのが「ユニットバスルーム」。器具や給排水管を組み込んだ腰下フレームと上部壁フレームをあらかじめ工場で生産し、現場で組み立ててからクレーンで引き上げ建物に組み込むため、工期が大幅に削減できる。

　さらに、繊維強化プラスチックを浴槽だ

けではなく洗面カウンターにも採用して軽量化、運搬を容易にした。さまざまな工夫や新しい技術を導入し、無事オリンピックの直前にホテルニューオータニは完成した。一見すると何の変哲もない展示物に見えるが、このユニットバスには多くのストーリーが詰まっている。オリンピックという国家的事業の裏には、不可能を可能にするため、知恵を絞って何とかして期待に応えようとした先人たちの苦労と熱い想いがあったことを語りかけてくるのである。

その国の、TOTO になる。

第3展示室は、TOTO が世界各国で販売している製品を展示。海外のそれぞれの地域で、どのような展開がなされているのかが分かる。

TOTO が海外で成功したきっかけは、米国・カリフォルニア州の水不足であった。連邦政府は1992 (平成4) 年に「エネルギー政策法」を制定。これにより1994 (平成6) 年以降に製造される便器は、洗浄する際の水量を1回1.6ガロン (約6リットル) 以下に制限された。TOTO は法律制定に先駆けて、1988 (昭和63) 年から6リットル便器を米国で販売していたが、それは、便器の上にタンクが載っているタイプであった。

特に米国では、便器とタンクがひとつながりの「ワンピース便器」がデザイン的に

「レッドドット・デザイン賞」「iF デザイン賞」などを受賞した水栓金具が並ぶ (筆者撮影)

米国向けに開発された6リットルのワンピース便器
（写真提供：TOTO）

好まれ、人気であった。他メーカーは法律に合わせて6リットルのワンピース便器を販売し始めたが、それらはサイホン式便器で、水量が少なくなると「サイホン現象」が起きにくくなり、便器から汚物を流すパワーが弱くなってしまうものだった。うまく流れないものが多く、「6リットル規制は非現実的だ」という声すら上がった。この状況に対応すべく、TOTOは数え切れないほどの試作品を作り、サイホン現象の発生メカニズムを徹底的に研究。6リットルでも詰まりにくい「ワンピース便器」を開発し、1997（平成9）年から米国で販売した。

6リットル規制には適合したものの、米国で当時販売されていた便器に対して、6リットルでは「1回で流し切れない」という

クレームが多数出た。そのため全米住宅建設業者協会が各社の便器を集めて、本当に6リットルで全部流せるかどうかを調査したところ、TOTOの商品が流れの良い製品のトップ3を独占するという結果になった。この調査結果は全米のニュース番組で取り上げられ、米国市場に大きなインパクトを与えることになった。この米国での便器の開発が示すように、TOTOは国ごとに求められる最良の製品を開発し、「その国の、TOTOになる。」ことを常に心掛けてきたのである。

「どうしても親切が第一」

このように、TOTOミュージアムに展示されている製品にはそれぞれストーリーがある。日本の近代化のために、社会をよくするために、各国の要求に応えるために生まれたストーリーである。それぞれの展示物からは、その裏にある先人たちの苦労や想いがガイドの言葉を通して来訪者に訴えかけてくる。そのどれもが「どうしても親切が第一」という初代社長の言葉につながっていることが実感できる。ここに足を運んだ者は、ミュージアム内のさまざまな場所で、創立者の想いに触れ、製品の裏にあるストーリーを知るたびに感銘を受けるであろう。

「おもてなしの心をもって世界中にTOTOファンを創出し拡大する」というミュージアムの接客理念は、確実に実現されている。小倉に行くことがあれば、ぜひ実際に訪問し、ガイドの説明と共に製品が物語るストーリーに耳を傾けてもらいたい。

14 Zenrin Museum

自らを語らない企業広報

ゼンリンミュージアム

所在地：福岡県北九州市　**運営**：株式会社ゼンリン　**オープン**：2020年

「地図の使い道」とは何だろうか。地名や地形を調べるものだろうか。目的地までの経路を確認するものだろうか。さまざまなサービスのデジタル化で、日常から切り離すことができなくなった地図。身近な存在になったからこそ、本質的な魅力が見え

にくくなってしまった。そんな地図の魅力や地図文化を伝えるため、地図好きの社員自らが企画・制作・運営をし、自社サービスの変遷や紹介をあえて排除している企業ミュージアムがある。

本稿でご紹介するのは、地図情報をベースとしたさまざまなサービスを提供する企業として国内最大手のゼンリンが運営している、日本で唯一の"地図"だけに焦点を当てた企業ミュージアム「ゼンリンミュージアム」だ。ミュージアムがあるのは、伊能忠敬が九州での測量の第一歩を歩み始めたとされる福岡県北九州市小倉北区。もともと、同社が地図に関する貴重な資料や自社の取り組み、商品を一般展示していた「ゼンリン地図の資料館」を、創業70周年をきっかけに一新。2020 (令和2) 年6月、資料館の跡地に地図文化の継承と振興を目的としたゼンリンミュージアムは設立された。

ゼンリンミュージアムエントランス (写真提供：ゼンリンミュージアム)

そもそも、ゼンリンとは

ゼンリンは前述の通り、国内で業界最大手の企業である。その始まりは観光案内の小冊子であった。戦後間もない1948 (昭和23) 年に観光文化宣伝社として創業。創業者の大迫正冨は、翌年、戦災を免れて観光客でにぎわっていた大分県別府市で観光案内『年刊別府』を発行した。

名所の紹介記事やバラエティに富んだコラムが掲載された読み応えのある冊子であったが、観光客が評価したのは付録として折り込まれていた市街地図であった。そこで大迫は「地図は最も重要な情報源」

と考え、屋号まで記入された江戸時代の古地図をヒントに、日本中の住宅地図の製作を目指した。

1950 (昭和25) 年に善隣出版社と改称し、1952 (昭和27) 年に初版住宅地図「別府市住宅案内図」を発行。配達や官公署で活用され始め、北九州の地から日本全国の住宅地図データの整備を進めた (2017 〈平成29〉 年に完了)。こうして日本社会を支えるインフラとしての歩みが始まったのだ。

1984 (昭和59) 年からは、いち早くデジタル化を推進し、1990 (平成2) 年には世界初のGPSカーナビゲーションソフトを開発。現在は世の中のさまざまな情報を、空間および時間軸で体系的に管理する「時空間情報システム」の運用を進めている。

企業ミュージアムから企業要素を取り除くという選択

2003 (平成15) 年から2019 (令和元) 年まで、ゼンリンでは幅広い年代に地図の楽しみを知ってもらい親しんでもらうことを目的としたゼンリン地図の資料館を運営していた。ここでは、地図コレクションの紹介以外にも、同社商品の展示や取り組みの紹介もされていた。

しかしリニューアル後の「ゼンリンミュージアム」には、同社の変遷や商品の展示、製作過程や最新のサービスの紹介がほとんどない。企業ミュージアムから企業要素を極限まで排除する理由は何か。そこには地図の会社として、地図の魅力を人々に伝え、地図文化を未来につなげるという強い使命感があった。

地図には地図上の地名や地形を見る・知るという楽しみ方以外に、その地図が描かれた理由や描かれ方から、当時の生活や世界、さまざまな社会の動きなど、歴史を知るという別の楽しみ方がある。それもそのはず、紀元前700年ごろから地図はコミュニケーションツールとして人々の生活を支えていたという。

この地図の本質的な魅力を伝えるためには、来館者に歴史を映し出す地図とじっくり向き合ってもらう必要があると考えた。そこに地図の歴史のほんの一部にすぎない同社の取り組みの紹介は必要なかったという。こうして"歴史を映し出す地図の博物館"というコンセプトの下、「ゼンリンミュージアム」では紀元前から現代に至るまでの国内外の地図のみが紹介されるようになった。

虫眼鏡必須。地図から読み解く歴史

ゼンリンミュージアムは「全3章」にわたる約120点の常設展と、期間によってテーマが変わる企画展から構成されている。常設展の三つの章は"日本"という国が世界とどう関わり、どう捉えられていたのかが軸となっており、第1章と第2章では、想像上の日本が初めて欧州の地図に描かれ

ゼンリンミュージアム第1章 (写真提供：ゼンリンミュージアム)

ブランクス／モレイラ「日本図」（写真提供：ゼンリンミュージアム）

た16世紀初めから、伊能図が登場し徐々に日本が各国の地図で正確に描かれるようになるまでの一連の流れが展示されている。

　第3章では現代に至るまでの地図の表現や活用方法の多様化の様子が紹介されている。約120点、と数だけ聞くと簡単だが、一枚一枚の地図からは、製作時の時代背景のほかに製作者の行動や性格までも読み取ることができるのだから、かなり内容量が多い。また、地名や地形のほか、地図に描かれた絵など、かなり細かなところにも読み取るべき情報が詰まっている。

　そのため、ただただ地図を眺めるだけではなく、しっかり見ることができるよう、額装されて間近で見ることができ、"虫眼鏡"も無料貸し出しされている。さらに、ミュージアム内は静かで落ち着いた雰囲気になっており、じっくり地図を見ることができる環境が整っている。あまりの展示物の豊富さと環境の良さのため、1日では見切れない方や数日にわたって来館される方も少なくないという。

ミュージアムを支える "Zキュレーター" の存在

　ゼンリンミュージアムの最も大きな特徴は「Zキュレーター」と呼ばれる5人の専属キュレーターが配されていることだ。Zキュレーターは、全員学芸員の資格を持っており、展示企画・制作やガイドツアーから、イベントなどへの登壇、広報まで、ミュージアムの運営全般を担っている。

　Zキュレーターはミュージアムの設立に

合わせて社内公募で選ばれた社員。地図が好き、人と関わることが好きなどの理由で、広報やミュージアムとは無縁の部門から集まっている。今回、ゼンリンミュージアムの説明役やインタビューを受けてくださった館長の佐藤 渉 氏もその一人で、子供の頃から地図が好きだったという。学生時代には博物館で働くことを目指し学芸員の資格を取得。そして、地図に関わりたいという強い思いの下ゼンリンに入社した。入社後は営業の仕事をしていたが、Zキュレーターの公募を知り、自ら手を挙げ、現在、ゼンリンミュージアムの館長を務めている。

　Zキュレーターはミュージアムの設立に当たって、現在の常設展示の内容の企画から地図のキャプション全89点の作成まで、外注せず自分たちで手掛けている。そのため、Zキュレーターの地図の解説は詳しいだけではなく、それぞれの思いも込もっており、とても聞き応えのあるものである。また、録音された音声ガイドとは違い、来館者と直接コミュニケーションが取れる

こともあり、来館者の興味・関心や理解度に合わせて解説の方法も工夫しているようで、Zキュレーターの"地図の魅力を知ってもらいたい"という強い意志が感じられる。

より深く、より広く届けるために

　コンセプトにこだわりを持って運営されているゼンリンミュージアムには、地図好きが全国から集まるほか、地元からの来館者も多い。また、同社の新入社員、取引先もミュージアムに招待し、同社の最新技術だけではなく、地図自体が持つ魅力にも気付いてもらうようにしているという。ほかにも、ゼンリンミュージアムが所蔵する約1万4000点の古地図コレクションを活用し、歴史や文化の研究者による調査・研究に協力したり、日本地図学会と連携し、バーチャル見学会や講演会、地方大会なども開催。アカデミックな方面でもミュージアムの目的である地図文化の継承と振興に寄与していることがよく分かる。

　ゼンリンの地図に対する思いは、常設展だけにとどまらない。企画展では、時代や地域、交通、観光などあらゆるジャンルに特化した地図の展示がされ、常設展では伝え切れない、より深い地図の魅力を伝えている。この企画展も来館者からの要望を反映しつつ、Zキュレーターが企画・制作。取材時（2022〈令和4〉年7月）は鉄道など交通地図の企画展が開かれていたが、そこには多くの鉄道ファンも訪れていた。

ミュージアムの外でも

　ゼンリンミュージアムは、地域と連携した

Zキュレーター（写真提供：ゼンリンミュージアム）

特別イベントや企画なども開催している。ゼンリンミュージアムのすぐ隣には小倉城があり、期間によって「ナイトミュージアム×ナイトキャッスル スペシャルツアー」を開催しているのだ。このイベントでは、ゼンリンミュージアムのZキュレーターによるガイドツアーと、ミュージアムに併設しているカフェや、小倉城の天守閣のバー、ゼンリンミュージアムと小倉城からの夜景が楽しめる。

また、JR九州ステーションホテル小倉との共同企画としてコラボ宿泊ルーム「地図さんぽの部屋」を設置（2022年3月1日〜2023年2月28日）。さまざまな地図やグッズに囲まれた地図尽くしの部屋になっており、窓から見る景色と部屋の地図を照らし合わせて楽しむことができる。これらは、観光案内から始まったゼンリンならではの地図と地形を生かしたユニークな地域貢献と言える。

自らを語らない企業広報

さまざまな種類の企業ミュージアムがある中で、その企業が関わる産業や地域の発展の記録を自社の歴史や製品と共に展示するものと、企業が自社の事業に関連して収集したコレクションを通して文化の伝承を行うものがある。コレクションといっても事業と関係のない美術品ではなく、あくまでもその企業のビジネスに関連するコレクションだ。

後者は必ずしも企業の事業と直接関連するわけではなく、その文化が価値のあるものとして継承されることで間接的に事業の発展に寄与する、という考え方が軸にあ

る。ゼンリンミュージアムはまさに文化の伝承を行う企業ミュージアムであろう。

紀元前よりコミュニケーションツールとして使われていた地図。そして、その地図という存在を現代に引き継ぎ、より時代に合ったものへ変化させるゼンリン。長い地図の歴史と文化を現代の私たちの目の前にひもといて見せるゼンリンミュージアムからは、ゼンリンの地図に懸ける思い、そしてこだわりを感じ取ることができる。自らを語らない人文科学的な企業ミュージアムではあるが、地図業界のソートリーダーであるゼンリンのコミュニケーションツールとして存在し、社会からの信頼につながっている。

コロナ禍に設立され、制限のある中での運営を余儀なくされているゼンリンミュージアムだが、今回お話を伺った佐藤氏からは、今後来館者からのさまざまな意見を基にミュージアムをさらにバージョンアップさせていきたい、という熱意が感じ取れた。また、Zキュレーターには形にしたい企画案がたくさんあるとのこと。これからのゼンリンミュージアムの多角的な展開に注目したい。

15 Kuronekoyamato History Museum

"隠さず、オープンに" という勇気と誠実さ

クロネコヤマトミュージアム

所在地：東京都港区
運営：ヤマトホールディングス株式会社
オープン：2020年

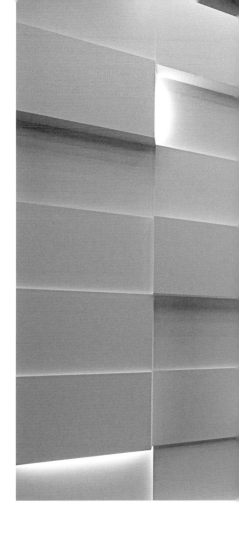

　あなたは「ヤマト運輸」と聞いて何を思い浮かべるだろうか。街で見かけたことがあるだろう特徴的なトラック。緑地に黄色のアクセントがよく目立つ制服。商標登録がされてはいるが、もはや一般名称のようになじみ深くなった「宅急便」という言葉。そして、クロネコ。誰も想像に難くないだろう。それほどまでに、ヤマト運輸は多くの人の日常生活に溶け込んでいる企業だ。しかし、そこに至る道のりは決して順風満帆なものではなかった。そんなヤマトグループの歴史をたどることができるのが「ヤマトグループ歴史館 クロネコヤマトミュージアム（以下、クロネコヤマトミュージアム）」である。

　クロネコヤマトミュージアムは、ヤマトグループが2019（令和元）年11月29日に創業100周年を迎えたことを記念して、東京

都港区の、品川駅から徒歩約10分の場所に設立された。総床面積約2500平方メートルのフロアには、合計450点を超えるコンテンツや写真が展示されており、1919（大正8）年に創業したヤマトグループ100年の歩みをたどることができる。2020（令和2）年7月のオープンから累計約5万人（2023〈令和5〉年6月30日時点）が来館し、1日の平均来館者数は、土・日・祝日で約200

エントランスの様子。四角形のモチーフは荷物の箱を表現している（写真提供：ヤマトホールディングス）

人（2022〈令和4〉年4月〜7月の平均）となっている。入場料は無料だ。

「つなぐ」をテーマにした交流空間

クロネコヤマトミュージアムが入居しているヤマト港南ビルは地上10階建て。7階から10階はヤマトグループのオフィスが入居しており、ミュージアムは6階フロアと、そこから下に伸びる外周のスロープで

展開されている。1階から5階には集配拠点である宅急便の営業所があり、ミュージアムの順路であるスロープの上下はトラックが走る車路になっている。「つなぐ」をテーマに、お客さまとの交流空間として建築されたというヤマト港南ビルならではの一工夫が盛り込まれている。

6階にあるミュージアムの入り口をくぐって最初のコンテンツは、約14メートルの

創業当時の制服・制帽のレプリカ（筆者撮影）

ヤマト港南ビルの断面模型（筆者撮影）

大型ワイドスクリーンのある円形シアターである。ここでは15分に1回、ヤマトグループとある家族の100年の物語がアニメーション作品として上映されており、これから巡るヤマトグループ100年の歩みをイメージしやすいものにしている。そこから先は時代に沿って、「1919〜創業の時代」「1928〜大和便と事業多角化の時代」「1971〜宅急便の時代」「2000〜新たな価値創出の時代」と大きく四つのエリアに分かれており、6階からスロープを下りなが

ら現代に近づいていく構成となっている。

創業当時の理念を伝える、制服の展示

　一つ目のエリアである「1919〜創業の時代」は、創業の地である銀座の変遷と共に、ヤマトグループ創業当時の様子が展示されている。創業者である小倉康臣は、牛馬車から自動車への転換期に、まだ高価であったトラックを4台購入し、日本初のトラックによる貨物運送事業会社「大和運輸」を創業した。試行錯誤を繰り返すが、三越呉服店（現三越）と商品配送契約を結ぶことで、創業から約4年で経営基盤を固めるまでに成長。その後、引越荷や婚礼荷の運送などの新事業でも成功を収めることとなる。

　このエリアには創業当時の制服・制帽のレプリカが展示されている。当時としては珍しかったが、運送業では運転手こそ会社の顔であるという思いの下に採用された。現在でもヤマト運輸の制服は信頼と品位の象徴であるが、そういった創業当時から続く理念を来館者に伝えることができる

印象的な展示となっている。

　クロネコヤマトミュージアムの館長を務める白鳥美紀氏によると、ヤマトグループの施設が内包されているビルだからこそ、このミュージアムが創業当時の理念を伝えることはインターナルブランディングとしても機能しているという。「来館した社員からは、歴史を振り返ることで理念などを改めて確認することができた、という感想が多くあり、帰属意識の高まりに寄与していると思います」と同氏は述べている。

「ネコマーク」の誕生

　二つ目のエリアは「1928〜大和便と事業多角化の時代」である。ここでは、日本で最初の路線事業といわれる、本格的な定期便である「大和便」の開始から、「宅急便」事業の開始直前までの歴史を紹介している。

　1927 (昭和2) 年、康臣が英国・ロンドンの視察で着目し、日本にその仕組みを持ち帰り開始した大和便は、従来の1台の車に1人の荷主の荷物を預かる貸し切り運送ではなく、1台の車に複数の荷主の荷物を積み合わせて定時・定路線を運送する仕組みだった。1935 (昭和10) 年には関東一円にネットワークを広げ、戦後もGHQ

2021年4月1日から使われている「ネコマーク」とロゴタイプ (画像提供：ヤマトホールディングス)

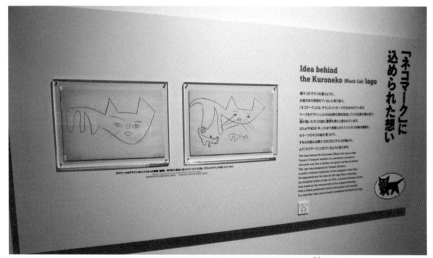

「ネコマーク」への想いがつづられた展示 (筆者撮影)

（連合国軍総司令部）の関連業務を請け負うなどして成長を続けた。その後、美術品輸送や鉄道貨物輸送など新事業にも進出し、現在につながる事業が数多く誕生した。

　もう一つ、この時代に誕生したヤマトグループにとって象徴的なものが、おなじみの「ネコマーク」だ。あのマークは、親ネコが子ネコを運ぶように荷物を丁寧に扱うことを表している。このエリアでは、実は社員の娘さんの絵がヒントとなっているという誕生秘話が紹介されている。なお、このネコマークは2021（令和3）年4月1日に初のデザイン変更がなされた。さらに、新たな価値提供の実現に挑戦する事業を象徴するマークとして「アドバンスマーク」も新設された。

自社の「黒歴史」をも展示する意味

　このエリアの最後の1960年代は、大和運輸にとって、どん底の時代であった。事業の多角化によって最先端を走ってきた大和運輸は、成功を収めた関東一円の営業区域にこだわっていたため、長距離輸送はトラックではなく国鉄の貨物急行列車を使用していた。その後、高速道路が整備され、車両性能が向上し、長距離輸送が鉄道輸送からトラック輸送にシフトしていった時、すでに荷主は先発業者を利用している状況であり、大和運輸は長距離トラック輸送への参入に後れてしまう。その結果、経営学者の神戸大学教授の占部都美による著書「危ない会社」では古い体制の企業として取り上げられ、実際に経営危機に陥ってしまった。

1960年代、どん底の時代の展示（筆者撮影）

　そんなどん底の時代を表現するかのように、この時代の展示コーナーはそれまでの展示とは少し雰囲気が変わる。壁一面は黒く塗りつぶされ、天井からは「危ない会社」や「出遅れは明らか」など、当時の大和運輸を表すようなマイナスの言葉が垂れ下がる。

　これは、大和運輸に陰りが見えていたことを直感してもらうために意図的に企画・制作したのだと白鳥氏は言う。「壁にはその当時を代表するような華やかな事柄を配置しています。一方で、大和運輸の事柄は壁に張り付けず、床に転げ落ちています。大和運輸にとって暗雲が垂れ込めて

いた時代を表現するために、このような展示にしました」

　三つ目のエリアの「1971〜宅急便の時代」になると、療養中の康臣に代わり、小倉昌男（おぐらまさお）が2代目社長に就任する。会社の再建を任された昌男は、個人から個人へ荷物を送る手軽な手段がないことに注目し、業態を個人に絞ることを決心する。しかし、経営陣はこの決定に大反対した。その出来事を視覚的に分かりやすく表現した展示も、このエリアで目を引く展示の一つだ。

　なぜ自社の企業ミュージアムに、わざわざ自社にとってネガティブなものを展示するのだろうか。ここでも重要になるのはインターナルブランディングであろう。一つ目のエリアの展示のように社員の帰属意識を高めるための展示がある一方で、このエリアの展示のように、同じ失敗を繰り返さないという意識づけや、イノベーションを生む上での挑戦するマインドの育成につながるような展示がある。

　実際、白鳥氏も「マイナスの時代ではありましたが、当社のイノベーションの一つが生まれた時代でもあり、省くことは考えられませんでした」と語っている。最終的に労働組合が理解を示したことによって始まった宅急便は、お米屋さんなどを取扱店として拠点を拡大した。さらに、クール宅急便などの誕生で輸送できるものが増えたことによって大きな支持を獲得し、普及していくこととなる。こうして、宅急便は多くの人に利用される輸送サービスとなったのだ。

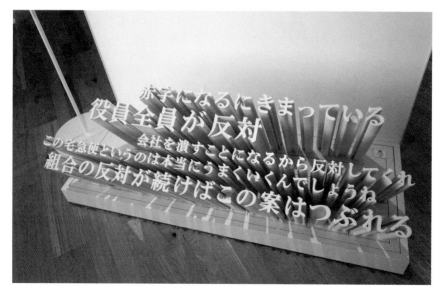

当初、宅急便は経営陣に大反対された（筆者撮影）

さらに先に進むと、宅急便体験コーナーがあり、セールスドライバーの制服を着ての撮影や、荷物の積み込み体験などができるようになっている。特にインパクトがあるのは、実際に使用されていたウォークスルー車の展示であろう。車に乗って内部の様子を見ることができ、安全に荷物を運ぶための工夫などを体験することができる。こちらは子供に大人気で、将来のファン層の獲得にも寄与している。さまざまなステークホルダーを含む来館者をターゲットとして設計されていることが非常によく分かるコンテンツだ。白鳥氏によると、小学生の社会科見学や大学生の利用も増えているとのことだった。

来館者と一緒に未来を考えるための装置

最後のエリアは「2000〜 新たな価値創出の時代」だ。ここでは、近年急速に設置場所を増やしているオープン型宅配便ロッカー「PUDO（プドー）ステーション」など、多様化するニーズに対応した新たな物流の形を展示している。また、このエリアには未来創造ラウンジという、来館者が未

体験用ウォークスルー車（筆者撮影）

街中を走る集配車両（写真提供：ヤマトホールディングス）

来の暮らしを想像し、絵で表現することができるコーナーも設置されている。この展示は、「運送業」ではなく「運創業」を目指すヤマトグループの未来を示すとともに、ステークホルダーを含む来館者にヤマトグループの創る未来を自分ごと化させる装置としても機能しているはずだ。

インターナルブランディングは、伝播する

ヤマトグループ100年の歩みを駆け抜けるとミュージアムは終了となる。展示物や展示方法から、非常にインターナルブランディングのことを考えて作り込まれている企業ミュージアムである、という印象を受けた。白鳥氏も「100周年に当たって、どのようなレガシーを残したいかと考えた時に、まず思い浮かんだのは社員教育で

した。歴史に学ぶことはきっとたくさんあると思います。そういった部分をぜひ社員に見てもらいたいと思って制作を開始しました」と語っていた。

一方で、興味深い点は、このような開かれたインターナルブランディングが、社員以外のステークホルダーや一般の生活者にも伝播し、対外的なファンの創出に寄与している点である。実際、来館者アンケートでは「これまで以上にヤマトのファンになりました」「これからもヤマトを利用します」といったポジティブな意見が非常に多く寄せられているそうだ。どん底の時代も赤裸々に展示する誠実な設計が、多くのファンを生み出しているのかもしれない。かくいう私もファンになった一人なのであった。

16

感動体験が創る
エンゲージメント

ヤマハ
イノベーションロード

所在地：静岡県浜松市
運営：ヤマハ株式会社
オープン：2018年

ヤマハ製作の初期のオルガン
（写真提供：イノベーションロード）

ヤマハの歴史

　誰もが知るヤマハだが、その歴史は1887（明治20）年にさかのぼる。創業者である山葉寅楠が、1887年、小学校の壊れたオルガンの修理を行ったことをきっかけにオルガン製作を決意し、その2年後の1889（明治22）年に現在の静岡県浜松市に合資会社山葉風琴製造所を設立。1897（明治30）年には資本金10万円で日本楽器製造株式会社を設立し、創業開始から100年となる1987（昭和62）年には現在のヤマハ株式会社へと社名を変更した。

　楽器、音楽という分野において認知度の高いヤマハだが、その歴史の中で培った技術から、楽器以外の分野にも事業を拡大させている。1955（昭和30）年にはモーターサイクル製造部門が分離・独立し、ヤマハ発動機株式会社としてオートバイ、マリン製品などの生産を行っている。加えて、現在は生産を行っていないが、スキー

イノベーションロードがあるヤマハ本社事業所21号館（写真提供：イノベーションロード）

用品やテニスラケットなども製造していた歴史を持つ。

　原点である楽器分野によって得られた技術・ノウハウをさまざまな分野に展開することでヤマハの技術はさらに認められ、現在の地位を確立してきたとも言える。その技術は、高級車の内装部品にも提供されている。

総務、マーケティングなど複数の部署で運営

　「イノベーションロード」は1500平方メートル、450坪ほどの展示面積を誇り、日・月・祝日以外の日程で予約の上、見学することができる。建屋の運営は総務部、企画はマーケティング部門が統括しており、館長をはじめとした6人のスタッフなどの実運用を、グループ会社の株式会社ヤマハコーポレートサービスが行っており、入館料は無料だ。

　コロナ禍による休館も挟む形ではあるが、2018（平成30）年7月のオープン以来、

社内の利用を含め7万人以上の来館があった（2022〈令和4〉年6月まで）。コロナ禍以前の2019〈令和元〉年には、インバウンドの来館者は1000人超（同社の海外事務所、工場勤務者含めず）となっていた。来館者のためのパンフレットは日本語・英語・中国語の3カ国語、ウェブサイトは日本語・英語の2カ国語、館内の音声ガイドは、日本語・英語・中国語・スペイン語の4カ国語に対応している。

エントランスの様子（写真提供：イノベーションロード）

社員とのコミュニケーションにも活用

また同館は、社外からの来館者だけではなく、社員とのコミュニケーションの場としても機能しており、新入社員の研修、国内グループ社員・海外の工場やオフィス勤務の社員が、浜松訪問時に立ち寄り、ヤマハの事業に対する理解を促進するためにも活用されている。

社内では、イノベーションロードがあることによって「改めて自社の歴史を確認できた」「自分が関わる以外の事業の理解ができた」といった声が上がっており、時系列に過去の製品群を確認できることが設計・開発、デザイン部門の新たなイノベーションにもつながっているようだ。

また、2021〈令和3〉年にはバーチャルイノベーションロードを開設。インターネット上で館内を360度見渡せる画像が表示され、バーチャル空間上で実際に館内を歩いているかのように移動することができ、製品説明や動画コンテンツを視聴することができる。このバーチャルイノベーションロードは、一般来館者だけではなく、コロナ禍で日本へ来ることのできない海外スタッフに向けても、自社理解の幅を広げるツールとなっている。

ヤマハの足跡をたどり、イノベーションを体感

館内は12の展示エリアによって構成されており、その名の通り、ヤマハが紡いできたイノベーションの歴史を実際の製品と共にたどることができる。12の展示エリアは下記の通り。

1. コンセプトステージ
2. プロローグ
3. ものづくりウォーク
4. 楽器展示エリア
5. ライフシーン
6. デジタルライブラリー
7. スーパーサラウンドシアター

コンセプトステージ（写真提供：イノベーションロード）

8. イノベーションロードマップ
9. ヒストリーウォーク
10. イノベーション・ラボ
11. 音響展示エリア
12. バーチャルステージ

楽器・音響製品自体を見て・聴いて・触れて体験できることはもちろん、ヤマハの

ある生活の提案や、最新のテクノロジーを活用したイノベーションにも触れることができる。音楽という文化の「これまでとこれから」を「体験」によって利用者に感じてもらう場として機能している。

その中でもイノベーションロードマップは、圧巻だ。ヤマハがその歴史においてどのようなイノベーションを起こし、どのよ

イノベーションロードマップ（筆者撮影）

ものづくりウォーク（筆者撮影）

うな事業展開を行ってきたのかを知ることができる一枚絵巻物である。1台のオルガンを原点に、その技術がさまざまな形で広がっていく過程が絵と文章で分かりやすく紹介されている。

イノベーションロードの主役となる楽器に関しても、ただ展示がされているだけではなく、楽器製作にまつわるピアノや管楽器などの匠の技を見ることもできる。ここでは、いかに一つの楽器が職人たちのこだわりと素晴らしい技術をもって作られているかを実感できる。

またその製法を学びつつ、実際に楽器を演奏することも可能だ。世界三大ピアノの一つで、2008（平成20）年からヤマハの完全子会社となったオーストリアのベーゼンドルファーのグランドピアノも展示され

ている。美麗な装飾が施されたこのピアノも試奏することが可能なため、日常では得られない貴重な体験をもたらしてくれる。演奏できる楽器はピアノにとどまらず、ギターやエレクトリックバイオリン、電子ドラムなど多岐にわたる。

そして、音に関する最先端技術も体験することができる。ヤマハが独自に開発したAI歌声合成技術（*VOCALOID:AI™）と、その応用で新たに開発したAI管楽器演奏合成技術によって、AIシンガー、またはAIサクソフォン奏者と共に楽曲を演奏することができる「AI Artist Stage—AIとともに音楽をつくる」だ。流れている楽曲に合わせて、来館者が手の動きで強弱などの"盛り上がり"を指示できるようになっている。それに合わせてビブラートなどの音楽表現がAI

技術によってリアルタイムかつ自然に表現され、本物の歌手が歌っているような体験ができるようになっている。現代における音楽の可能性の広さを実感することができ、このイノベーションロードでのみ体験できる技術である。

弾き手も聞き手も魅了するイノベーション

　数多く展示されている楽器それぞれに個性があり、ヤマハが追い求めてきた感動を演出しているが、その中でもイノベーションロードの名前通りに、"イノベーション"を感じられる楽器製品がある。それがトランスアコースティック™ピアノとトランスアコースティック™ギターだ。どちらの製品にも、デジタル技術による機能を持ちながら発音はアコースティック楽器の方式で行う「トランスアコースティック™技術」が用いられている。

　トランスアコースティック™ピアノは、通常のアコースティックピアノとしての演奏も楽しめるのに加え、トランスアコースティック™モードにすることで、電子ピアノ同様に多彩な音色も楽しめ、音量調節も可能になっている。

　トランスアコースティック™ギターは、ギターの内部に「アクチュエーター」(加振器)を搭載することにより、アンプやエフェクターをつなぐことなくリバーブやコーラスといったエフェクトをギターの生音に付加することができる。ギターの生音とエフェクト音が一体となってギター全体で響くことで、ギターそのものだけでライブハウスで演奏しているかのような音色を出すことができる

　このように、楽器を演奏する感覚はそのまま、そのアウトプットをアップデートさせることで音楽の新境地を開拓するヤマハ。

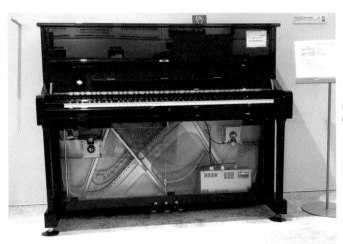

トランスアコースティック™
ピアノ
(写真提供：イノベーションロード)

トランスアコースティック™ ギター
（写真提供：イノベーションロード）

ミュージアムとしての意義はどこにあるのだろうか。館長の伊藤泰志氏にお話を伺った。「イノベーションロードを造った意図としては、組織の壁を越えた"創造"を生み出したいというものがあります。イノベーションロードがある21号館の新設とともに、点在していた技術者を集結させ、最新の実験室などを完備、既存の開発棟である18号館・20号館と合わせてイノベーションセンターと呼んでいます。3棟を渡り廊下などで接続することで組織間交流を図るとともに、イノベーションを創出し続ける開発拠点となっています。イノベーションロードに社員にも気軽に立ち寄ってもらうことで、先人たちのDNAを感じ取るとともに、新たなイノベーションのタネが生まれればいいな、と思っています。それによって音楽を通した『感動を・ともに・創る』という企業理念の体現に近づけるのではないかと考えています」と同氏は語る。

「ともに創りつづける」というヤマハの決意を体現

ミッションとしては、ヤマハのブランド価値向上、社員モチベーションの向上、社会貢献という部分を担っており、過去から未来につながるヤマハの歩みを伝えることのできるハブスポットとしてコミュニケーションしていくことが、来館者のワクワクをつくることにもつながり、社会や社員とのエンゲージメントを深めていくことにつながると考えられている。

自社の歴史を重んじ、そのイノベーションの轍を再確認することで新たなイノベー

もちろんそのイノベーションはこれだけにはとどまらないため、ぜひイノベーションロードを訪れることで体感していただきたい。音楽にプレーヤーとして携わる人だけではなく、聞き手側の感動も創り上げる。音楽による感動体験を創造しようとするヤマハの姿勢をここでは実感できることだろう。

組織の壁を超えた"創造"

ヤマハの歴史と技術を存分に味わうことのできるイノベーションロードだが、

ションを生み、社会やヤマハで働く人たちへと還元していく。そうすることで、音楽を通した感動を届けるだけではなく「ともに創りつづける」という、ヤマハとしての決意を体現するのがイノベーションロードの意義なのだろう。

人生の豊かさやモチベーションを提供

では、イノベーションロードを設立したことによって得られた発見などはあったのだろうか。

「今は新型コロナウイルス感染症の影響もあり、活動への制限もありますが、来館者には地元の方ももちろん多いですし、首都圏や中京圏を中心とした県外の方も多くいらっしゃいます。その中には、今はもう楽器をやっていないけれど、イノベーションロードでの体験によって音楽の素晴らしさを再認識いただき、また音楽に携わりたいと思ったと言っていただけることが多々あります。こういった声をいただけると、音楽を通して生まれる感動や情熱といったものが確かにあることを感じ取ることができますね。すべての人に対してではなくても、イノベーションロードが人生の豊かさやモチベーションを提供できる可能性があるのだと感じられますし、一企業市民として、できる限りそういった機会をつくっていければと思います」と伊藤氏は語る。

常にアップデートするミュージアム

最後に、今後のイノベーションロードの展望についても伊藤氏に伺った。「ヤマハブランドの向上を目指したミッションの体現が第一だと思っています。ヤマハは、サイレントピアノ™やトランスアコースティック™技術のような、さまざまなイノベーションを世に送り出してきましたし、そこに対しての自負もあります」

ただ、と伊藤氏は言う。

「一方では来館される方に『こんな楽器があったんですね』と驚かれてしまうこともしばしばあり、まだまだヤマハの楽器の素晴らしさが知られていないという現実もあるんです。そういった状況をどれだけ変えていけるかは、やはり『体験』を通したコミュニケーションが重要だと感じています。イノベーションロードを通して知っていただくこと、その素晴らしい『体験』をさらに届けられるように、ミュージアムとしてのアップデートも行っていきたいと考えています。その先にヤマハの掲げるミッションや理念の達成を実現できれば、人々に対してイノベーションロードが『感動を・ともに・創る』強いきっかけの場になれるのではないかと思います」

体験が生み出す感動が エンゲージメントを創造

音楽という体験で、来館者の感動を創造し続けるイノベーションロード。そこには、企業の思いを形にし、伝播させ、心を震わせ、来館者のエンゲージメントを深めるというパブリックリレーションズの本質がある。多くの感動を生み出すイノベーションロードは、これからも音楽文化に欠かせないミュージアムとして、ヤマハのイノベーションを発信し続けていくだろう。

17 Cupnoodles Museum Osaka Ikeda

創業者精神の伝承と意義

カップヌードルミュージアム（安藤百福発明記念館）大阪池田

所在地：大阪府池田市
運営：日清食品ホールディングス株式会社
オープン：1999年

インスタントラーメン発祥の地に立つ体験型食育ミュージアム

　「カップヌードルミュージアム　大阪池田」がある大阪府池田市は、日清食品創業者である安藤百福が、世界初のインスタントラーメン「チキンラーメン」を発明した町だ。日清食品の創業40周年となる1999（平成11）年に創業者の功績を顕彰し、インスタントラーメンの歴史と発明・発見の大切さを次世代に伝えるために、この発祥の地に「体験型食育ミュージアム」として設立された。

　ミュージアムのメインターゲットは次世代を担う子供たち。オープン以来、来館者数はほぼ右肩上がりで推移し、2021（令和3）年3月時点では累計で1000万人を超えるほどの人気ぶりだ。2018（平成30）年度は年間約91万人が来館しており、2021～2022（令和4）年は新型コロナウイルス感染症感染拡大のため臨時休館したことがあったが2年間で約21万人が訪れている。

　現在は、総床面積3423平方メートルと広大な敷地となっているが、設立当初は半

カップヌードルミュージアム 大阪池田（写真提供：日清食品ホールディングス）

分以下の広さで展示室だけしかなく、2階のセミナールームでチキンラーメンの手作り体験を予約制で開催していた。2004 (平成16) 年、2015 (平成27) 年と2回にわたって拡張工事を行い、常設の体験スペースが増設されるなど、コンテンツの充実を図っている。

2011 (平成23) 年にはより多くの方に創業者の思いやカップヌードルについて知ってほしいとの思いから「カップヌードルミュージアム 横浜」を設立。さらに2021年には「カップヌードルミュージアム 香港」を設立し、国内外問わず多くの人に知られている。2021年時点では国内企業

ミュージアム来館者数ランキングにおいて、横浜が1位に、大阪池田が3位にランクイン（※）。日本一の知名度を持つ企業ミュージアムと言えるだろう。

※参考：「レジャーランド＆レクパーク総覧2021」

世界の食文化を変えた「チキンラーメン」

　日本で誕生したインスタントラーメン。世界ラーメン協会の発表によると、2022年は世界で年間1212億食が消費されている。2005（平成17）年にはスペースシャトルで宇宙へと旅立ち、宇宙飛行士の野口聡一氏が人類で初めて国際宇宙ステーションで食べるなど、まさにユニバーサルな食べ物となっている。

　終戦後、食糧難となった日本では、おなかをすかせて栄養失調のために行き倒れになる人が後を絶たなかったという。当時、大阪駅近くの闇市で寒空の下、1杯のラーメンを食べるために並ぶ行列を目にした百福は、日本人が麺類好きであり、そこに大きな需要が隠れていると考えた。それから10年ほどの時がたち、事業に失敗して財産の大半を失った百福は、闇市のラーメン屋台に並んだ人々の姿を思い出し、「いつでも手軽に食べられて、家庭に常備できるラーメンがあれば、どれほど喜ばれるだろう」と、まだこの世に存在していないインスタントラーメンの開発を決意した。

　自宅の裏庭に立てた研究小屋で開発を始めるが、麺作りの経験が全くなかった百福は、山のような試作品を作っては捨てるという、気の遠くなるような作業を繰り返

しながら、たった一人で開発を続けていった。そして、麺の乾燥法で行き詰まっていたある日、夕食のために妻が天ぷらを揚げている様子を見た百福は「麺を油で揚げて乾燥させる」という着想を得て、インスタントラーメンの基本となる製造技術「瞬間油熱乾燥法」を生み出した。そこからさらなる開発を進め、1958（昭和33）年8月25日に世界初のインスタントラーメン「チキンラーメン」が発売された。

　この偉大なる発明が中古の製麺機、麺揚げ用の大きな中華鍋を除いては、どこの家庭にでもあるようなありふれた調理道具を用いて生み出されたものだ、という部

発売当時のチキンラーメン（写真提供：日清食品ホールディングス）

分が、実に興味深い。

「発明はひらめきから。ひらめきは執念
から。執念なきものに発明はない」。百福
はこのような言葉を残している。若い頃か
ら実業家として「何か人の役に立つことは
ないか」「世の中を明るくする仕事はない
か」という信念の下にさまざまな事業を手
掛けてきた。チキンラーメンという偉大な
発明も48歳という、当時でいう定年間際
の年齢で成し遂げた。

設立当時は珍しかった体験型のミュージ
アム。「見たものはすぐに忘れてしまう。し
かし身をもって楽しく体験したことは一生
忘れない。だからこそ体験型のミュージア
ムをつくる意義がある」。百福の息子で当
時日清食品社長であった安藤宏基氏の強
い思いが、展示物やアトラクションにも反
映されている。

カップヌードルミュージアム 大阪池田
は、創業者の発明・発見を追体験できる
場となっていて、コンテンツは「展示型」と
「体験型」の二つに分類されている。日清
食品の歴代商品約800種類が壁を覆い尽
くす「インスタントラーメン・トンネル」や、
百福が残した毎年の年頭所感、数々の勲
章や愛用した品々を紹介する「安藤百福
の軌跡」などの展示。カップヌードルの誕
生秘話を大型スクリーンに投影したアニ
メーションで紹介する「カップヌードルド
ラマシアター」や、世界で一つだけのカッ
プヌードルを作ることができる「マイカッ

「安藤百福とインスタントラーメン物語」で紹介されている
語録（写真提供：日清食品ホールディングス）

プヌードルファクトリー」といった体験型ア
トラクションなど、合計10種類近くのコン
テンツが用意されている。

楽しめるのは子供たちだけではない。例
えば、「安藤百福とインスタントラーメン物
語」の展示では、発明のエピソードや発展
の歴史、知的財産の大切さなどについて
グラフィカルに紹介されているが、その中
には百福の語録がちりばめられており、ビ
ジネスパーソンや中高年の方の心を刺激
するような仕掛けも工夫されている。特に日
清食品グループの社員からは「仕事を戯
れ化せよ」という言葉の人気が高いという。

中でも注目すべきは、ミュージアムのコン
セプトの一つでもある「チキンラーメン」が
生まれた研究小屋を再現した「チキンラー
メンの誕生」だ。この研究小屋は、開発の
原点を知ってもらうためにあえて"粗末"

研究小屋を忠実に再現した「チキンラーメンの誕生」（写真提供：日清食品ホールディングス）

な状態までリアルに再現されている。ここには、大事なのは設備やお金ではなく、アイデアを実現しようとする情熱や執念を持つことだという強い思いが込められている。

再現するに当たり、百福へのヒアリングを基にラフスケッチを作成、調理道具はもちろんのこと、水道の蛇口など当時の池田市で使われていた物を用いて徹底的にこだわったという。また、本格オープンの前には地元住民を招待。当時を懐かしむ人も多く、中にはチキンラーメンの試作品を食べたことがある人もいたそうだ。

「チキンラーメンファクトリー」も欠かすことのできないアトラクションだ。研究小屋では開発と思想の原点を学び、チキンラーメンファクトリーでは発明のプロセスを楽しみながら追体験してもらっている。

どのようなプロセス・時間配分で作れば子供たちが楽しんでできるかと試行錯誤を繰り返し、何カ月ものシミュレーションを経てチキンラーメンファクトリーは立ち上げられた。特に「品質」「安全性」にこだわり、市場で売られているものと同じレベルを目指して何度も試作を行ったそうだ。

「体験型」というエンターテインメント性がある一方で、同ミュージアムのコンテンツには単純な商品への理解だけではなく、その裏側に秘められた創業者の創造的思考やベンチャー精神を学ぶための仕掛けが施されていることが分かる。

チキンラーメンを手作りできる工房「チキンラーメンファクトリー」（写真提供：日清食品ホールディングス）

次世代につなぐ、ファンづくりの循環機能

　企業ミュージアムは、日清食品グループにとってどのような意義や役割があるのだろうか。カップヌードルミュージアム大阪池田館長の清藤勝彦氏にお話を伺った。

「次世代を担う子供たちに"発明・発見の楽しさ"を知ってもらうということが第一です。そして、インターナルな側面として、創業者の思いを脈々と受け継ぐ場としての役割があります。原体験を提供する場だとよく言うのですが、子供にとって初めて触れるものは猛烈に体や記憶に染み込み、その体験は思い出として残ります。その最初の即席麺がチキンラーメンやカップヌードルだったとすれば、長らくブランドを愛してもらえる効果が期待できるのではないでしょうか」

　体験して刻み込まれた記憶は大人に

なっても残る。そして、10年後、20年後に子供を連れてくることで、世代を超えて日清食品のファンとなってもらう。同ミュージアムはそうした中長期的なファンづくりの循環機能を担っている。また、インスタントラーメンという産業・食品自体への理解と安心感を伝える場でもあると清藤氏は語る。「即席麺の製造工程を見てもらう社会学習の側面があるほか、産業の仕組みと根本を理解していただく、そして原材料など商品について知っていただくことで、安全性への理解にもつながります」

創業者精神へ原点回帰できる場所

　同ミュージアムは社外へメッセージを発信する一方で、その思いを社員に継承するためにインターナルコミュニケーションの場としても活用されている。

「日清食品グループでは創業者精神を大事にしています。創業者精神は昔話ではありません。社員が心を一つにして企業を進化させるための、現在進行形の行動指針です。創業者が会社を起こした時に、世の中に何を提供しようとしたか、人々にどんな喜びを与えようとしたかを継承し続けています」と清藤氏は語る。

　近年ではパーパス経営が注目され、自社の存在意義を明確にする動きが加速している。日清食品グループは百福の精神が途切れることのない仕組みを当時からつくり、社員のエンゲージメントを高め続けているため、その先駆けとも言える存在だろう。

　例えば、社員研修の一環でスタッフとし

て来館者と接することもある。その中で、開発のプロセスや創業者の思い、インスタントラーメンとは何かを来館者に説明することで、創業者精神や自社ブランドへの理解を深めることにもつなげている。人数が多い場合は大阪池田だけではなく、横浜と人数を分けて実施するそうだ。また、近年は中途採用者が増えていることもあり、まだミュージアムを訪れたことがない社員向けに定期的な研修機会を設けることで、創業者の理念を教育・再確認する場として

も活用されている。

　そのほかにもユニークな取り組みが行われており、チキンラーメン60周年の際には、全社員が大阪池田と横浜を順番に訪れてチキンラーメンを手作りする機会を設けた。創業者の語録を身に付けるために、オリジナルのすごろくを作って学ぶ場として活用したこともあるという。「建てることは大きな投資ですが、ミュージアムがあるということは、外向けだけではなく中の社員たちにとっても創業者精神を学ぶ

ための重要なロケーションになっています」

池田市にとっての重要な観光資源

カップヌードルミュージアム 大阪池田は、地元池田市にとっても重要な観光資源としての役割を果たしている。池田市で行われるツアーのスタンプラリースポットとしての活用や、「ひよこちゃん」が企業キャラクターとしては異例の観光大使に任命されたことなどが主な例だ。

また、池田市ではチキンラーメンを通じたまちおこしを行っており、「大阪池田チキチキ探検隊」というプロジェクトが発足されている。これは日清食品からのオファーではなく地元飲食店の店主たちが有志を募り、チキンラーメンを活用した創作メニューを提供したことから始まった。今では、阪急電鉄宝塚本線の池田駅と石橋阪大前駅の駅前を中心に市内約50店の飲食店で、さまざまな創作メニューが提供されている。

そのほか、大阪や周辺地域のツアーの中で観光スポットとして組み込まれることが多いため、海外からの来館者も多数いる。来館者が100万人を超えた年には、全体の15～20%が外国人だったそうだ。近年ではアプリを活用し、韓国語・中国語・英語など3カ国語の音声ガイドでもサポートしている。

取材を終えて

企業の存在意義は「創業者精神」に宿る。清藤氏が述べるように、まさに創業者精神とは昔話ではなく、いつも社員が目指すべき現在進行形の行動指針だ。この精神が枯れてしまわないために、どのような形で継承していくかは企業によって違う。

同ミュージアムを訪問し、その細部に百福の強い思いを感じることができた。偉大な発明を成し遂げたからだけではなく、何事も諦めないそのベンチャー精神が、来館者だけではなく、社員、そして地域の方々に愛され続ける理由の一つではないだろうか。

「インスタントラーメン・トンネル」の前に立つ清藤氏 (著者撮影)

解説 ── 歴史を慈しむ

　歴史に敬意を払いつつ未来に思いをはせる場所 ──。本書によって改めて企業ミュージアムの価値に気付かされた。

　企業ミュージアムは全国に200カ所以上あるらしい。運営方式は直営、子会社、財団法人とさまざまだが、創業100年超の企業が設立した施設が多いとか。本書の執筆陣の一人である電通PRコンサルティングの藤井京子氏によると、展示物から伝わってくるのは単なる社史にとどまらない。「多くの学びがあり、日本の近現代史をつくったのは彼らである」との思いを強くしたという。

　学校で教える歴史は為政者の歴史だ。人々の暮らしの息遣いは感じられない。その点、企業ミュージアムに足を踏み入れると、その企業の歴史を通してではあるが、世の移り変わりをより具体的にイメージできる。むしろ個々の企業、特定の業界という絞りをかけるからこそ、私たちの父や母がどんな仕事をし、どんな暮らしをして、現在の私たちへとつながっているのか、身近な歴史として理解できる。

　企業は消費者に支持されて初めて持続可能性を手にする。100年企業の歴史は言い換えれば私たちの歴史なのだ。

　今、私たちの足元は揺らいでいる。あり得ないはずだった侵略戦争が起きた。脱炭素化でガソリン車はそのうち姿を消す。激動の時代にあるからこそ、いま一度、これまでの歩みを振り返り、歴史を慈しみたい。

　それは少しでも明るい未来を次世代に手渡す作業でもある。政府は斬新な発想でイノベーションを巻き起こす存在としてスタートアップ企業に期待を寄せる。100年企業ともなればいずれ劣らぬ大企業であり、保守的な印象を持たれがちだが、初めはどこもスタートアップ企業だったのだ。世の中の動きから、確かにそこにあるもののまだ言語化されていないニーズをすくい取り、それを商品として具現化することで、時として社会通念すら変えてきた。苦難の連続でもあったに違いない。

　歴史を知り、未来へのヒントを得る。企業ミュージアムに着目した本書の今日的意義は大きい。

時事通信解説委員
こばやしのぶとし
小林伸年

本書 02-17 の記事は、株式会社電通 PR コンサルティングの役員・社員（2022〈令和 4〉年5月～12 月当時）が執筆したものです。

02 ／ 11 ／ 13
ふじ い きょう こ
藤井京子

05
き むら かず き
木村和貴

03 ／ 10
さくら い あけ み
櫻井暁美

06
あい はら こう き
粟飯原広基

04 ／ 08
なかがわいくよ
中川郁代

07
あさ い ゆう た
浅井佑太

139

掲載ミュージアム一覧

東京都

■ アドミュージアム東京
〒 105-7090 港区東新橋 1-8-2 カレッタ汐留 地下 2F
https://www.admt.jp/

■ 印刷博物館
〒 112-8531 文京区水道 1-3-3 トッパン小石川本社ビル
https://www.printing-museum.org/

■ Bridgestone Innovation Gallery
〒 187-8531 小平市小川東町 3-1-1
https://www.bridgestone.co.jp/corporate/innovation_gallery/index.html

■ ヤマトグループ歴史館 クロネコヤマトミュージアム
〒 108-0075 港区港南 2-13-26　ヤマト港南ビル 6F
https://www.yamato-hd.co.jp/museum/

神奈川県

■ 日本郵船歴史博物館
〒 231-0002 横浜市中区海岸通 3-9
https://museum.nyk.com/

静岡県

■ 資生堂企業資料館
〒 436-0025 掛川市下俣 751-1
https://corp.shiseido.com/corporate-museum/jp/

■ ヤマハ イノベーションロード
〒 430-8650 浜松市中区中沢町 10-1　ヤマハ株式会社本社事業所 21 号館内
https://www.yamaha.com/ja/about/innovation/

愛知県

■ トヨタ産業技術記念館
〒 451-0051 名古屋市西区則武新町 4-1-35
https://www.tcmit.org/

■ INAX ライブミュージアム
〒 479-8586 常滑市奥栄町 1-130
https://livingculture.lixil.com/ilm/

■ 島津製作所 創業記念資料館
〒 604-0921 京都市中京区西生洲町 478-1(木屋町二条南)
https://www.shimadzu.co.jp/memorial-museum/

■ パナソニックミュージアム
〒 571-8501 門真市大字門真 1006 番地
https://holdings.panasonic/jp/corporate/about/history/panasonic-museum.html

■ まほうびん記念館
〒 530-8511 大阪市北区天満 1-20-5
（象印マホービン株式会社　本社 1F）
https://www.zojirushi.co.jp/corp/kinenkan/

■ カップヌードルミュージアム（安藤百福発明記念館）大阪池田
〒 563-0041 池田市満寿美町 8-25
https://www.cupnoodles-museum.jp/ja/osaka_ikeda/

141

■ TOTO ミュージアム
〒 802-8601 北九州市小倉北区中島 2-1-1
https://jp.toto.com/knowledge/visit/museum/

■ ゼンリンミュージアム
〒 803-0812 北九州市小倉北区室町 1-1-1　リバーウォーク北九州 14F
https://www.zenrin.co.jp/museum/index.html

■ 久光製薬ミュージアム
〒 841-0017 鳥栖市田代大官町 408 番地
https://www.hisamitsu.co.jp/company/kouzyo.html

——PR資産としての魅力と可能性——

企業ミュージアムへようこそ〈上巻〉

2023年10月16日　初版発行

著　　者　株式会社電通PRコンサルティング

発 行 者　花野井 道郎

発 行 所　株式会社時事通信出版局
〒104-8178 東京都中央区銀座5-15-8
電話03(5565)2155　https://bookpub.jiji.com

ブックデザイン　松田 剛・猿渡 直美・大矢 佳喜子(東京100ミリバールスタジオ)

校　　正　溝口 恵子

印刷・製本　中央精版印刷株式会社

ISBN 978-4-7887-1881-4　C0034